공병호
인생의 기술

멈추고 싶을 때 나를 일으켜세우는 지혜

공병호
인생의 기술

해냄

프롤로그

인생이란……
가다 보면 폭풍우가 몰아치고,
가다 보면 칠흑 같은 어둠에 길을 잃기도 하고,
가다 보면 잘못된 판단에 후회하기도 하고,
가다 보면 자신의 능력 부족에 한탄하기도 하고,
가다 보면 간발의 차이로 놓쳐버린 기회를 두고두고 아쉬워하고,
가다 보면 자신의 불운에 가족과 타인, 하늘을 원망하기도 하지만,
그래도 툴툴 털어버리고 다시 일어서서
저 높은 곳을 향해서 한 걸음 한 걸음 전진해야 하는 것입니다.

젊은 날에는 나이를 어느 정도 먹고 나면 살아가는 일은 한층 편안해지지 않을까 하는 순진한 감정을 품고 살았습니다. 하지만 막상 그런 날이 다가와서도 삶은 여전히 넘어서야 할 어려운 장애물로 가득 차 있었습니다. 세월이 한참 흘러 노년이 되더라도 저마다의 생 앞에 주어진 문제는 모습만 달리할 뿐 여전하리라 봅니다. 그래서 살면 살수록 '인생은 문제 해결의 과정이다'라는 말의 위력을 실감하게 됩니다.

그래도 젊은 날과 달리 살아가는 기술, 즉 인생의 기술이 나름대로 하나하나 축적되었기에 쉽게 흔들리지 않고, 분노하지 않고, 쉽게 실망하지 않게 되어가는 자신의 모습에 흐뭇해집니다. 흐르는 강물처럼, 지는 태양처럼, 여명이 밝아오는 새벽녘처럼 매사를 자연스럽게 받아들이게 됩니다.

한여름의 불볕 더위가 내리쬐는 것 같던 그 젊은 날에도, 지금처럼 자신에게 주어지는 모든 문제들에 대해 담대하고 현명하게 대처할 수 있었다면 젊은 날을 한층 아름답게 만들어나갈 수 있지 않았을까 하는 아쉬움이 남습니다. 그렇다면 시행착오도 줄였을 것이고 감정 낭비도, 가슴앓이도 적었겠지요.

사는 데 왕도(王道)는 없습니다. 하지만 지름길은 있다고 봅니다. 자신보다 앞서서 치열하게 자신의 내면을 갈고 닦으며 살았던 사람들이나, 비슷한 문제로 씨름하고 있는 동시대 사람들의 이야기에서 시행착오를 피할 수 있는 방법, 좀더 현명하게 해결할 수 있는 방법을 얼마든지 찾을 수 있지 않을까요?

이른 아침 스타벅스에서, 지방강연회를 위해 몸을 실은 KTX 안에서, 열정적으로 글을 쓰고 난 뒤 집필실에서, 순간순간 떠오른 메시지들을 함께 나누기 위해 적었던 편지들을 모아보았습니다.

이 책이 멋진 인생의 길과 지혜 그리고 인생 기술을 원하는 분들에게 큰 도움이 되길 기원합니다. 행복하세요! 그리고 성취하세요!

| 차례 |

프롤로그 • 4

Life Skill 1 :
성공을 위한 주춧돌을 놓는 법

내 인생 최고의 순간은? • 12 | 사회 초년의 청년들에게 • 16 | 부자로 가는 길 • 19 | 나탈리 뒤 투아의 인생 모토 • 21 | 먼저 손 드는 사람 • 22 | 인생을 바꾸는 '10분 법칙' • 26 | 습관이 성공과 실패를 결정한다 • 28 | 선택하는 용기 집중하는 결단 • 30 | 자기 사업을 시작하는 이들에게 • 33 | 성공하는 사람들의 '편집증' • 36 | 인생은 ONE-WAY! • 38 | 일이라는 '파도'를 타는 법 • 42 | 졸업 후 25년 • 44 | 에너지를 집중하라 • 46

Life Skill 2 :
멈추고 싶을 때 나를 일으켜세우는 지혜

콤플렉스도 힘이 된다 • 52 | '이 또한 지나가리라' • 56 | 두려움의 한가운데로 • 58 | 불안감 다스리기 • 60 | 인생의 멋진 반전을 위하여 • 63 | 압박감 떨쳐내기 • 66 | 뒷심을 키워라 • 68 | 세평에 흔들리지 않으려면 • 70 | 생활 리듬 되찾기 • 71 | '몸짱 되기' 프로젝트 • 73 | 건강 유지도 일하듯이 • 76 | 위기 상황 대처법 5단계 • 78 | 스스로를 보호하자 • 81

Life Skill 3 :
최고의 학교, 인생에서 배운다

인생은 선택이다 • 86 | '시간은 생명이다' • 90 | 내 영혼의 버팀목, 내적 자산 • 92 | 포트폴리오 인생 • 95 | 현명한 인생 3단계론 • 98 | 인생은 나를 찾는 멋진 항해 • 100 | 한 사이즈 큰 모자 • 104 | 정답만 좇는 모범생이 되지 마라 • 106 | Nobody is Coming! • 109 | 야무지게 매듭짓는 자세 • 112 | 일상을 여행처럼 • 114 | 눈이 아닌, 마음으로 보기 • 118 | 세월의 메시지를 들어라 • 120 | 서른에게 보내는 편지 • 124 | 인생에서 '고래'를 잡는 법 • 127

Life Skill 4 :
성공보다 중요한 인생의 기본기

사랑한다고 말하세요 • 132 | 공부보다 중요한 삶의 기초 • 135 | 사람을 대할 때는 정성으로 • 138 | 정상에 오르기 위한 준비물 • 140 | 어제보다 나은 오늘 • 142 | 배우고 깨우치고 성장하기 • 146 | 원칙을 지키는 삶 • 148 | '저 사람은 변함이 없다' • 150 | 고운 말을 써야 하는 이유 • 152 | 자만심을 예방하는 방법 • 155 | 배려도 습관이다 • 158 | 좀 너무한 한국인들 • 160 | 좋은 인상 나쁜 인상 • 163 | 어느 초등학생의 이웃 사랑 • 166 | '공부하거나 존재하지 않거나' • 168

Life Skill 5 :
감동 있는 만남이 일상을 바꾼다

장밋빛 인생, 에디트 피아프 • 174 | "Are you ready?" • 177 | 앙코르! 자니 캐쉬 • 179 | 르네 마그리트, 끝없는 실험정신 • 182 | 내 마음의 쉼터를 찾아서 • 186 | 영월, 단종의 흔적 • 188 | 포항의 바닷가에서 일상의 쉼표를 찍다 • 191 | 구례, 인연의 소중함을 되새기다 • 194

Life Skill 6 :
가족은 내 인생의 든든한 베이스캠프

아버지의 바다 • 198 | 세상에서 가장 귀한 '손님' • 202 | 무한한 가능성의 보석 • 204 | 아버지가 해야 할 다섯 가지 • 206 | 친구 같은 부부 사이 • 208 | 참 좋은 사람, 아내 • 210 | 아이는 부모의 스승이다 • 213 | 어느 아버지의 위대한 교훈 • 216 | 부부를 위한 행복한 거리감 • 218 | 인생을 여행하는 아들에게 • 220 | 아이에게 주고 싶은 깨달음의 순간 • 224 | 용맹군과 향기양 • 226 | 큰아들의 첫 번째 면회 • 228 | 아내와 함께하는 세계여행 • 231

Life Skill 7 :
경쟁력 있는 나만의 컨셉 만들기

나의 키워드는 '열정' • 238 | 나의 재능을 찾아서 • 242 | 당신의 컨셉은 무엇입니까 • 244 | 젊은 날의 현명한 선택 • 246 | 일을 대하는 마음가짐 • 248 | 고객의 입장에서 생각하기 • 250 | 씩씩하게 일하는 비결 • 252 | 도전하지 않으면 시작도 없다 • 254 | 책 쓰기, 행복한 중독 • 256 | 삶은 끊임없는 투자다 • 260 | 사업에서 성공하는 열쇠 • 262 | 일상에 악센트를 주기 • 264 | 인간관계의 매듭을 푸는 법 • 266

에필로그 • 269

Life Skill 1

성공을 위한 주춧돌을 놓는 법

부자에게나 빈자에게나 1년은 365일, 하루는 24시간이 똑같이 주어집니다. 그 시간을 어떻게 채워나가는가는 전적으로 자신이 선택하고 책임지는 것입니다.
자신이 해야 할 일과 하고 싶은 일을 현명하게 선택하고, 제한된 시간 안에 집중해서 해내는 것. 이것이 성취하는 삶을 위한 가장 기본 원칙이 아닐까요?

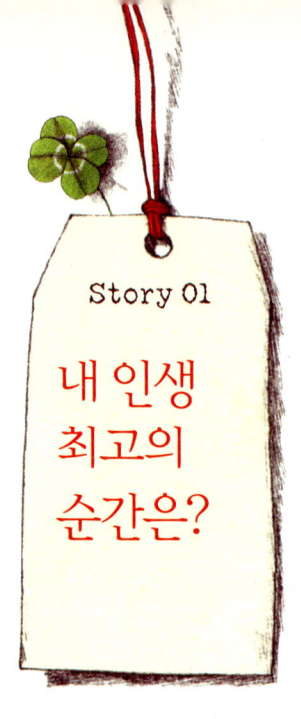

Story 01
내 인생 최고의 순간은?

어제는 오랜만에 인터뷰를 할 기회가 있었습니다. 인터뷰 중에 이런 질문을 받았습니다.

"공 소장님, 되돌아보면 인생의 황금기가 언제였다고 생각하십니까?"

참 멋진 질문이지요. 여러분이라면 이 질문에 어떻게 대답하시겠습니까? 언뜻 단순한 질문처럼 보이지만, 여기에 대한 답에는 그 사람의 가치관과 인생관이 고스란히 묻어나지요. "옛날에 내가 말이야…" 이렇게 말하는 사람에게는 과거의 어느 날이 인생의 황금기일 겁니다.

하지만 저는 과거를 돌아보며 살지 않습니다. 저는 역사를 계속 발전하는 것으로 바라봅니다. 이따금 굴곡이 있긴 해도 인간의 삶은 계속해서 더 나은 쪽으로 전진한다고 믿기 때문입니다.

저의 삶에 대해서도 마찬가지지요. 성장하고, 발전하고, 인생의 콘텐츠를 더욱 충실히 하는 프로젝트가 계속 진행되는 과정으로 삶을 파악합니다. 그래서 '삶은 어제보다 오늘이 더 낫고, 오늘보다 더 나은 내일이 있다. 내일은 기회이며, 창조해 가는 것이다'라는 신념을 갖고 있습니다.

따라서 살아온 나날을 통틀어서 인생 최고의 날은 바로 오늘입니다.
그렇다면 인생 최고의 순간인 오늘을, 현재를 어떻게 살아가야 할까요? 다음은 얼마 전에 한 책에서 만난 글입니다.

"과거에 대한 후회와 미래에 대한 기대가 현실보다 많은 비중을 차지할 때, 우리는 많은 에너지와 삶의 의욕을 상실한다. 그리고 우리의 경험 또한 미래를 먹여 살리는 양분으로 전락해 버린다. 이로 말미암아 현실은 굶주림에 시달리고 우리는 소중한 순간들을 놓치게 된다. 인생은 생생하게 살아 숨쉬는 순간들로 이루어져 있다. 이 순간들은 바로 지금 펼쳐진다. 그러니까 미래에 펼쳐지는 것이 아니다. 당신의 인생은 바로 지금 이 순간 펼쳐지고 있다. 어제도 아니고 훗날도 아닌, '바로 지금' 말이다. 지금 이 순간 실제로 흘러가고 있는 현실에 뛰어들어라." (외르크 페터 슈뢰더, 『행복한 게으름뱅이』)

작가의 이야기를 한마디로 요약하면 '현재를 살아라!'일 겁니다. 여러분은 현재를 가능한 한 꽉 찬 상태로 만들기 위해서 어떻게 노력하고 있나요?

'나는 현재를 충실하게 살아가기 위해 어떤 습관을 가지고 있는가?' '지금의 상태를 개선하기 위해 어떻게 할 수 있을까?' 이런 질문에 대한 답을 찬찬히 정리해 보는 것도 황금 같은 오늘을 만들어나가는 데 도움이 될 것입니다.

저 역시 이런 질문에 어떻게 답을 할지 한번 생각해 보았습니다. 다음의 내용들은 아마 여러분들에게도 도움이 되시리라 믿습니다.

● 일에 휘둘리지 않도록 노력한다.

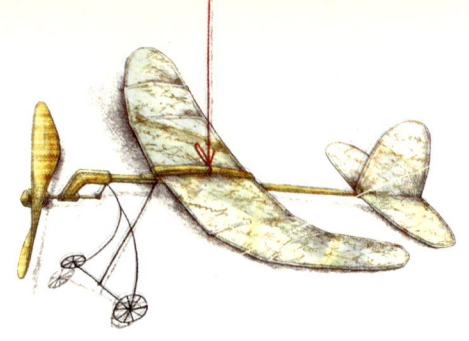

- 이따금 삶의 속도를 의도적으로 늦춰본다.
- 무언가를 추진할 때는 몰입해서 한다.
- 긍정과 부정, 낙관과 비관 가운데서 습관적으로 긍정과 낙관을 선택한다.
- 비용이나 시간이 크게 부담되지 않는다면 마음이 즐거워지는 경험들을 자주 갖는다.
- 자주 자신의 내면을 들여다보고 스스로와 대화를 나눈다.
- 자신을 칭찬하고 격려한다.
- 불완전한 자기 자신을 기꺼이 인정한다.

　각자 자기 나름대로 오늘 이 순간을 꾸려가는 멋진 방법들을 가지고 있을 것입니다. 무엇보다 중요한 것은 현재를 충실하게 살려는 이러한 마음가짐을 실천에 옮기는 일이겠지요.
　어제 한 실수나 내일에 대한 걱정으로 일상의 중심이 흐트러질 때, 오늘이 내 인생 최고의 날이란 사실을 마음속에 되새기십시오. 그럼 오늘 하루도 꽉 차고 충실한 하루 보내시길……

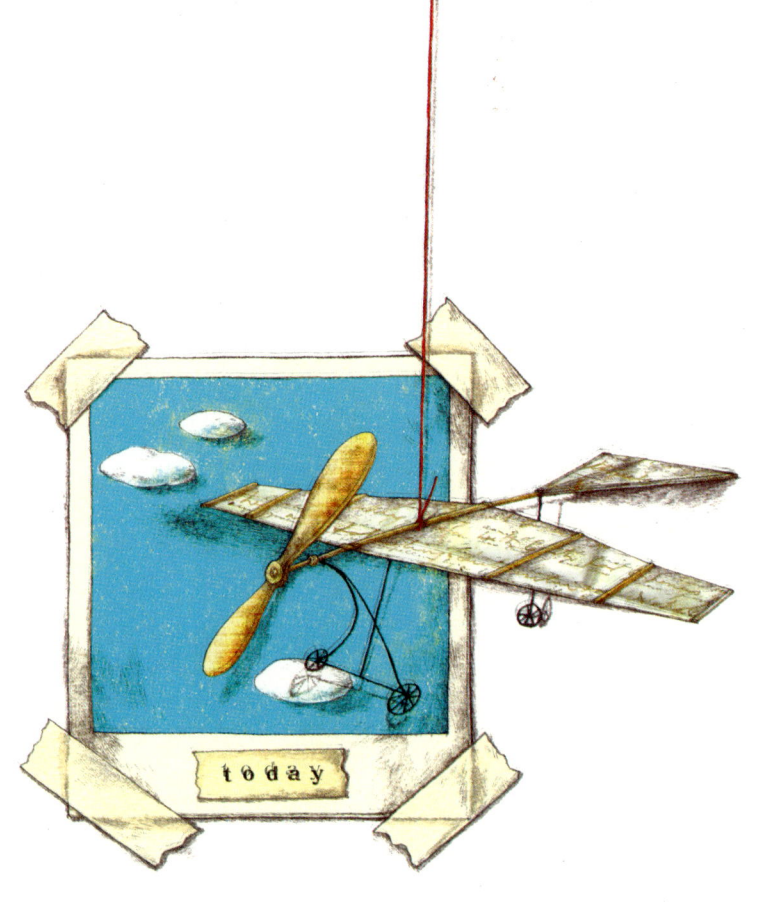

무엇보다 중요한 것은 현재를 충실하게 살려는
마음가짐을 늘 실천에 옮기는 일이겠지요.
어제 한 실수나 내일에 대한 걱정으로 일상의 중심이 흐트러질 때,
오늘이 내 인생 최고의 날이란 사실을 마음속에 되새기십시오.

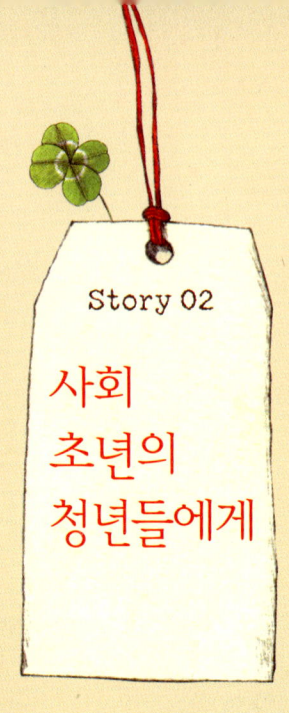

Story 02

사회
초년의
청년들에게

"막상 들어가보니까 실력 있는 친구들이 너무 많았던 모양입니다. 그래서 공부를 좀더 했으면 좋겠다고 하네요."

오랜 공부를 마치고 20대 후반의 나이에 첫 직장을 잡은 청년이 있습니다. 그 젊은이는 제가 아는 분의 아들입니다. 그는 어렵게 들어간 직장에 잘 다니고 있는가 싶더니, 어느날 아버지에게 공부를 좀더 할 수 있도록 도와달라고 했다고 합니다. 그러나 그분은 지금 아들을 크게 도와줄 수 있는 형편이 아닙니다.

저는 그 이야기를 듣자마자 마치 나의 문제인 것처럼 첫째, 둘째, 셋째, 아들에게 들려줘야 할 이야기를 백지 위에 적어보았습니다. 이 이야기는 학교의 울타리를 벗어나 첫 직장에 들어간, 불확실한 길을 막 걸어가기 시작한 모든 젊은이들에게 들려주고 싶은 메시지이기도 합니다.

첫째, 인생은 뒤를 돌아보는 것이 아닙니다

누구든 회사생활을 시작하고 나면 가버린 학창시절에 대해 아쉬움이 남게 마련입니다. 그러나 그것은 이미 지나가버린 길이지요. 아쉬움이 있다면 이제부터 아쉬움이 없도록 살아가면 됩니다. 후회는 항상 뒤늦게 찾아오지만, 이를 어찌겠습니까? 시간을 되돌릴 수는 없는 일이죠. 다시는 후회하지 않도록 열심히 사는 것으로 충분합니다.

둘째, 학교 공부와 일은 다릅니다

학창시절에 피운 게으름은 훗날 일을 할 때 영향을 미치게 됩니다. 하지만 학교와 직장, 두 세계에 적용되는 게임의 법칙이 다르기 때문에 하기에 따라서는 얼마든지 역전의 드라마를 쓸 수 있습니다. 만약 공부가 부족하다면, 지식이 모자란다면 일을 하면서 보충하면 됩니다.

셋째, 처음부터 안정된 길을 추구해서는 안 됩니다

스물다섯부터 서른넷까지 약 10년간은 엄청나게 중요한 시기죠. 이때 쉽고 편안한 길을 가면 훗날 반드시 큰 비용을 지불하게 됩니다. 그 시기에는 좀더 도전적이고 역동적으로 자신의 삶을 일구어야 합니다. 어떤 도전이나 역경도 기꺼이 감내하겠다는 태도를 지녀야 하고요. 요령을 피워서는 안 됩니다. '이건 제 일이 아닌데요, 오늘은 약속이 있는데요, 그건 불가능한데요……' 이런 말들이 입을 떠나지 않는 사람은 멋진 5년 후, 10년 후를 기대하기 힘들 것입니다.

넷째, 처음부터 재미있는 일은 없습니다

자아실현, 좋은 말입니다. 그러나 처음부터 좋아하는 일, 마음에 꼭 맞는 일을 찾아낼 수 있는 가능성은 낮습니다. 그것은 누구나 끊임없이 묻고, 찾아보고, 부딪혀보면서 깨닫게 됩니다. 일단 무엇이든 열심히 하세요. 그렇게 하다 보면 자신이 어떤 길을 걸어가야 할지 해답을 찾을 수 있을 것입니다. 그렇기 때문에 직장을 다니면서 게으름을 피우는 것처럼 위험한 일은 없습니다. 게으름은 자신이 무엇을 해야 할지, 자신이 무엇을 원하는지 찾아내는 데 가장 큰 걸림돌이 되기 때문이지요.

다섯째, 꾸준함을 이기는 것은 없습니다

좋은 집안, 좋은 학벌, 좋은 머리. 부러운 것들이지요. 그러나 그것이 전부는 아닙니다. 핸디캡은 활용하기에 따라 엄청난 에너지가 될 수도 있습니다. 사람은 스스로 부족함을 느껴야 분발할 수 있으니까요. 결국 꾸준하게 노력하는 사람이 성공하게 되어 있습니다.

여섯째, 직장생활을 통해 살아있는 공부를 할 수 있습니다

공부가 부족하다고 생각되면, 자신이 하고 있는 일과 직간접적으로 연결되고 자신의 현재와 미래를 연결해 줄 수 있는 공부를 시작해야 합니다. 그렇게 하다 보면 계속해서 공부할 거리가 나오고, 그 과정에서 세상에 대한 안목을 갖게 되고 실력이 쌓입니다. 학교 공부와 직장생활에서의 공부는 다릅니다.

젊은 날부터 자신의 삶에 대한 기대 수준을 높게 잡고 계획을 세워서 꾸준하게 노력하는 사람은 언젠가 빛을 보게 마련입니다. 저 역시 그렇게 젊은 날을 살았고, 그 덕분에 평범함을 조금은 넘어설 수 있었습니다. 인생은 한 번뿐이고 돌이킬 수 없습니다. 그렇기 때문에 좋은 인생을 위한 씨앗을 뿌리는 젊은 날은 정말 중요합니다.

청년 여러분, 여러분의 젊은 날을 다부지게 보낼 준비가 되셨는지요?

Story 03

부자로 가는 길

오늘 오후, 스크랩해 둔 기사를 뒤지다가 영국의 일간지 《더 타임스》의 기사를 다시 한 번 읽어보았습니다.

그 기사는 영국의 베스트셀러 작가 폴 매케나가 세계적 기업가들을 인터뷰하여 부를 쌓는 단계별 원칙을 정리한 내용을 소개한 것입니다. 폴 매케나가 정리한 '부의 6단계 원칙'은 다음과 같습니다.

Step 1. 열정이 있는 분야에서 일을 시작하라.
Step 2. 새로운 가치를 창출할 방법을 찾으라.
Step 3. 행동하기 전에 세세한 부분까지 구상하라.
Step 4. 가치 판단을 내린 후에는 위험을 감수하라.
Step 5. 더 빠르게 행동하라.
Step 6. 실패의 교훈을 딛고 계속해서 전진하라.

이 가운데서도 가장 중요한 두 가지를 꼽자면 1단계와 2단계가 아닐까 합니다.

　사업에서 성공하고 부자가 되는 것은 대단히 어려운 일입니다. 수많은 난관을 극복해 내야 하고 다른 사람과의 경쟁은 물론, 자신과의 싸움에서도 이겨야만 하니까요. 그렇기 때문에 자신이 하는 일에 푹 빠지지 않고서는 좀처럼 성공의 기회를 잡을 수 없지요. '푹 빠지는 경험이나 느낌'을 갖지 못하면 작은 일에도 금세 포기하거나 그럭저럭 하다 말 가능성이 높습니다.

　열정이 있는 분야를 찾아서 일할 수 있는 것은 대단한 행운입니다. 아무리 애를 쓰더라도 그런 분야를 영영 발견할 수 없는 경우도 많으니까요. 열정이 있는 분야를 찾아내는 일은 마치 유정(油井)을 찾는 일에 비유할 수도 있습니다. 그렇기에 자신이 무엇에 열정을 바칠 수 있는지를 알아내기만 해도, 인생의 성공을 위한 주춧돌을 까는 데 성공한 것입니다.

　이렇게 찾아낸 분야가 사람들에게 확실한 가치를 제공할 수 있는 분야라면 어느 정도의 부를 일구는 일은 시간문제일 뿐 크게 어렵지는 않을 것입니다.

　오늘날 '부자학'에 대한 관심은 늘어나고 있지만, 그 의미가 제대로 다뤄지고 있는지 궁금합니다. **단순히 재테크에 몰두할 것이 아니라 일생에 걸쳐 생업에서 큰 가치를 만들어낼 수 있는 일을 발견하는 작업이 먼저 필요하다고** 생각하기 때문입니다.

　열정이 있는 분야를 찾아내라!

　그리고 그 분야가 가치 창조와 연결되는지 확인하라!

　부자로 가는 길의 핵심은 이 두 가지에 있습니다. 재테크를 위해 동분서주하는 것보다 훨씬 더 확실한 길이지요.

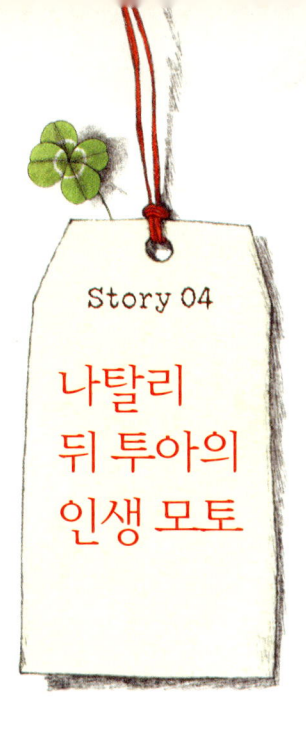

Story 04
나탈리
뒤 투아의
인생 모토

"자기 인생에 어떤 일이 일어나건 목표와 꿈이 있다면 그걸 달성하기 위해 계속 노력해야 해요. 이런 말을 쓴 일이 있어요. '인생의 비극이란 목표를 달성하지 못하는 것이 아니다. 달성할 목표가 없는 것이 진정한 인생의 비극이다. ……그러니 높은 목표를 정하고, 자기를 믿고 도전하자. 어떤 일도 가능하다.'"《조선일보》, 2008. 8. 25)

베이징올림픽에서 한쪽 다리 없이 의족으로 여자수영 10킬로미터에 참가한 남아프리카공화국의 나탈리 뒤 투아 선수의 인생 모토를 옮겨보았습니다. 그녀는 절단장애인으로는 사상 최초로 올림픽 수영 마라톤에 참가해 16위를 차지했습니다. 이렇게 자신이 처한 상황을 어떻게 해석하느냐에 따라 삶을 180도 달라지게 할 수 있습니다.

목표를 이루는 것도 대단하지만 과정에 충실하고 거기에서 빚어지는 모든 일들을 내 삶에 꼭 필요한 원재료로 받아들일 수 있다면, 순경이건 역경이건 이는 자신의 생을 빛나고 충실하게 만드는 소중한 재산이 될 것입니다. 목표 달성에 상관없이 그 삶은 이미 성공한 인생입니다.

Story 05

먼저
손 드는
사람

회사에 몸담고 있는 젊은 분들과 인터뷰를 할 기회가 있었습니다. 이런저런 질문과 답이 오고 가던 중에 한 분이 이런 말씀을 하더군요.

"입사하고 처음에는 그렇지 않았습니다만, 점점 내가 조직의 부속품이 되어간다는 생각이 들 때가 많습니다. 아마도 많은 직장인들이 그럴 거라고 생각해요. 공 박사님은 자유로운 직업을 갖고 계시니 그렇지 않겠지만……."

그분 말씀을 듣고 제가 이런 이야기를 했습니다.

"초등학교의 교실을 생각해 보세요. 선생님이 질문을 할 때 아이들의 반응이 모두 다르지요. 저요, 저요, 손을 들면서 자신에게 답할 기회를 달라고 기운 차게 요구하는 아이들이 있습니다. 반면에 고개를 푹 숙이고 묵묵부답인 아이, 선생님이 시킬까 봐 눈치만 보는 아이…… 각양각색이지요. 인생도 일도 마찬가지라 생각합니다. '저요, 저요, 저요'라고 손을 열심히 들지 않는데 누가 '이것이 당신 것이요'라고 말해 줄 것 같습니까?"

여러분은 누가 시키지 않더라도 손을 자주 들고 있습니까?
아니면 시큰둥하게 앉아 있습니까?
아니면 슬슬 피하고 있습니까?
'저요, 저요' 하며 열심히 먼저 손 드는 사람에게서 '내가 조직의 부속품인가?' 하는 말은 쉽게 나오지 않을 것입니다.

얼마 전에, 국내 최초의 인공위성 '우리별 1호'를 개발한 공학도 박성동 씨가 200억 원대의 부자가 될 예정이라는 기사를 보았습니다. 그는 현재 중소형 인공위성 제작업체인 씨트렉아이의 대표이사로 있더군요.

1989년 당시 박성동 씨를 비롯한 카이스트의 과학도들은 인공위성 개발을 위해 영국 서레이 대학으로 가서 공부를 했습니다. 공부를 마친 후 카이스트로 돌아와서 1992년에 국내 최초의 인공위성 '우리별 1호'를 우주에 쏘아 올리는 데 마침내 성공했습니다.

하지만 그들의 앞길은 순탄하지 않았습니다. 1999년 정부가 카이스트 인공위성센터의 규모를 축소하면서 하루아침에 실업자가 되고 말았지요. 그후 창업하기까지의 사연은 정말 눈물겨웠을 것입니다. 그렇게 인공위성 개발의 주역 다섯 명이 모여서 2000년에 창업한 회사는 이제 총

수주액 1천억 원, 올해 매출액만 200억 원에 달하는 탄탄한 기업으로 성장했습니다.

열심히 하다 보면 역경도 오고 그 가운데 기회도 옵니다. 이들도 젊은 날 적극적으로 길을 찾고 일에 몰두했기에 실업이라는 충격을 딛고 오늘 같은 멋진 결과를 얻게 되었을 것입니다.

조직의 결정에 운명을 맡기는 부속품으로 남지 않고 스스로 길을 닦아 성공적인 삶을 일군 것이지요. 부속품인가 아닌가는 결국 개인이 마음먹기 나름이고 자기 하기 나름인 것입니다.

수동적인 부속품이 되시겠습니까, 능동적으로 삶을 이끌어가시겠습니까? 여러분의 현명한 선택을 기대합니다.

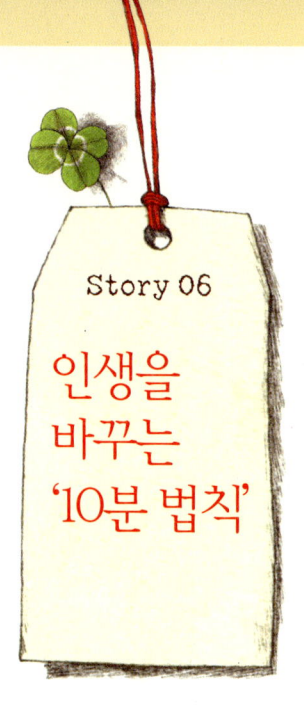

Story 06

인생을 바꾸는 '10분 법칙'

여기는 용산역입니다. 창밖에는 비가 촉촉하게 내리고 있네요. 오늘은 장성에서 강연이 두 차례 있어서 8시 25분 호남선을 타고 내려갈 예정입니다. 역에 도착하니 7시 10분쯤이어서 한 시간 남짓 남은 시간을 도너츠 가게에서 이 일 저 일을 하며 보내고 있습니다. 분주하게 오가는 사람들을 지켜보기도 하고, 흘러나오는 노래를 듣기도 하면서 여유를 부리기도 하고요.

집에서 조금만 늦게 출발했으면 한강대교부터 올림픽대로까지 꽉 막혀 있었을 겁니다. 그랬다면 길 위에서 초조해하며 시간을 보냈겠지요. 그래서 일찍 서둘러 나왔는데, 무려 한 시간을 가지게 되었네요.

저의 생활습관 가운데 한 가지는 이렇게 미리미리 준비하는 것입니다. 남들이 보면 조금 지나치다고 할 정도로 서둘러 준비하는 습관을 갖고 있지요.

투자은행업계에서 크게 성공을 거둔 한 친구도 언젠가 자신의 삶에 대해 이야기하면서 '연습과 준비'라는 두 단어로 끝을 맺더군요.

미리 준비하면 자신의 삶을 통제한다는 기분을 가질 수 있기 때문에 항상 상황을 주도하는 삶을 살 수 있지요. 물론 삶이란 예상하지 못한 일들의 연속이기 때문에 언제나 완벽하게 상황을 컨트롤할 수는 없을 것입니다. 하지만 최소한 끌려가는 것이 아닌 내가 주도하는 기분으로 살아갈 수 있지요.

오늘처럼 일찍 나와서 여유 시간을 만들면 그 다음 일들도 자신의 스케줄에 따라 여유 있게 움직일 수 있습니다. 그래서 성공학을 다루는 저자들은 약속 시간을 10분 정도 앞두고 도착하는 것을 생활화하라고 조언 하지요. 이 역시 상황에 대한 주도권과 깊은 관련이 있습니다. 그렇게 하루하루가 쌓이다 보면 자신에 대한 믿음도 늘어나고, 삶에 대한 만족감을 높일 수 있습니다.

제가 아는 한 대학 강사는 수업에 늦는 학생들은 아예 강의실에 들어오지 못하게 할 만큼 냉정합니다. 하루는 지각하는 학생들을 불러다가 이렇게 말씀하셨다고 하네요.

"딱 10분만 먼저 준비해서 약속 시간에 절대 늦지 마라. 그게 성공적인 사회생활의 가장 기본이다. 약속에 늦은 순간, 나도 모르게 위축되고 상황의 주도권을 상대에게 넘겨주게 되기 때문이다. 이미 진 게임에서 좋은 성과를 기대할 수는 없다."

미리 준비하는 습관이란 정말 중요합니다. 사소하게 보이더라도 그런 행동들이 낳는 선택과 행동이 모여서 우리 삶이 만들어지는 것이니까요.

오늘부터라도 작은 일이라도 미리 준비하는 습관을 들여보는 게 어떨까요?

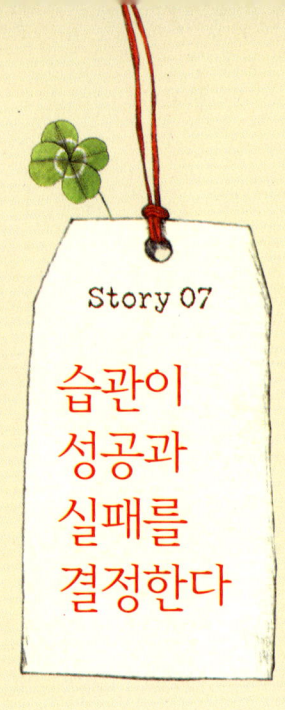

Story 07

습관이
성공과
실패를
결정한다

아침 일찍 집을 나와 커피숍에 자리를 잡았습니다. 향기로운 커피향과 은은한 음악이 함께하는 훌륭한 일터입니다. 며칠 전 제가 경험한 인상적인 일을 들려드리고 싶네요.

며칠 전 부산에서 무려 세 번의 강연을 했습니다. 하루에 그렇게 많은 강연을 하는 것도 드문 일이지요. 마지막 강의를 시작하기 전에 시원한 바람이 부는 옥상에서 잠시 쉬었습니다. 전망이 좋은 곳이라서 강의를 받는 분들이 휴식을 취하고 계시더군요. 그런데 그곳에는 큰 쓰레기통이 있는데도, 의자 부근이나 옥상 난간에 종이컵과 음료수병 같은 쓰레기들이 지저분하게 놓여 있었습니다.

그때 초등학생 한 명이 친구에게 이렇게 말하는 소리가 들렸습니다.

"쓰레기통이 바로 앞에 있는데 왜 어른들은 이렇게 지저분하게 아무데나 쓰레기를 버릴까?"

그러고는 쓰레기를 주워서 주변을 정리하기 시작했습니다. 야무지고 기특한 모습에, 조금 있다 제가 그 학생을 불렀습니다.

"학생, 몇 학년이에요?"

"5학년입니다."

"언제 어디서나 남이 시키지 않더라도 오늘처럼 자신이 해야 할 일을 찾아서 하면 학생은 꼭 성공할 수 있을 거예요. 정말 장하네요."

습관이지요. 주변을 정리 정돈하는 것은 정말 중요한 습관 가운데 하나입니다. 정리 정돈하는 사람은 조직화하는 능력을 키울 수 있습니다. 하루, 한 주, 한 달, 일 년을, 그리고 자신이 맡은 일을 조직화할 수 있다면, 그만큼 능률적으로 일하고 효율적으로 살아갈 수 있을 것입니다. 그런 습관이 반복되다 보면 당연히 멋진 삶을 만들어갈 수 있을 것이고요.

이렇게 사람에게는 '성공하는 습관'이 있습니다. 반대로 '실패하는 습관'도 있겠지요. 사람의 생각, 판단, 행동, 마음가짐은 모두 습관의 산물입니다.

어떤 습관을 갖느냐 하는 것은 자신의 의지에 달려 있을 것입니다. 여러분이라면 어떤 습관을 선택하시겠습니까?

Story 08

선택하는 용기 집중하는 결단

주변에 보면 재주도 많고 할 수 있는 능력도 많은데 정작 그 어떤 것 하나 야무지게 해내지 못하는 사람들이 있습니다. 할 줄 아는 일이 많은데 왜 하나도 제대로 못 해내는 걸까요?

일본경영품질상을 받았던 주식회사 무사시노의 고야마 노부루 사장은 이런 말을 한 적이 있습니다.

"우선, 해야 할 일보다 하지 말아야 할 일을 정해야 한다. 능력이 없는 사람일수록 많은 것을 하려고 한다. 가만히 있어도 힘이 달리는데 여러 가지를 하니까 어디서도 최고가 될 수 없다. 최고가 되기 위해서는 먼저 하지 말아야 할 것을 정하고, 해야 할 일에 자기가 가진 모든 것을 쏟아 부어야 한다. 그러면 누구라도 어느 분야에서든 최고가 될 수 있다." (후니타니 슈지, 『꿈샘 발상』)

자기가 할 수 있고 해야 하는 일을 찾아서 집중하는 것. 재능이 특출하거나 능력을 타고나지 않은 사람이 이 치열한 세상에서 자신을 세울 수 있는 방법이 이것 말고 있을까요?

　사실 저는 학창시절에 열심히는 하지만 별로 우수한 학생은 아니었습니다. 하지만 지금 직업세계에서는 웬만큼 선전하고 있습니다. 세상에 그렇게 똑똑하고 유능한 사람들이 많은 가운데 제가 선전할 수 있는 이유는 무엇일까요?

　결론은 딱 세 가지라 생각합니다.

첫째는 자신이 모든 것들을 다 잘할 수 없다는 사실을 온몸으로 깨우치고 있다는 점입니다. 둘째는 자신이 똑똑한 사람이 아니라는 점을 잘 알고 있다는 사실입니다. 이 부분은 매우 중요합니다. 자신의 재능이나 머리에 큰 비중을 두지 않는다는 것이니까요. 셋째는 위의 두 가지 이유 때문에 언제 어디서 무엇을 하든지 간에 자기가 하는 일에 에너지를 집중시키는 습관을 갖고 있다는 점입니다.

　즉, 저는 우선순위에서 떨어지는 일은 과감하게 포기합니다. 반복해

Life Skill 1 : 성공을 위한 주춧돌을 놓는 법

서 그렇게 하다 보니 자동 모드가 되어 불필요한 일이나 꼭 하지 않아도 되는 일에 대해서는 자연히 재빠르게 가지치기가 이루어지지요. 그래서 시간을 최대한 효과적이고 효율적으로 사용할 수 있습니다.

얼마 전 우연히 이 시대 최고의 구상화가인 척 클로스에 대해 읽었는데, 이런 대목이 나오더군요. 젊은 날의 선택에 대한 이야기입니다.

"내게는 다른 재능이 없었고, 미술 말고는 할 줄 아는 게 없었다. 그래서 내 재능의 달걀을 전부 한 바구니에 담았다. 사람들은 대개 잘하는 게 너무 많아서 자신이 뭘 하고 싶은지 모른다. ……나는 앞뒤 따지지 않고 한 가지 일에 매진해 왔다. ……나는 더 열심히 노력하고, 헌신하고, 작업에 몰두하는 것으로 스스로를 차별화시켰다." (허버트 마이어스 외, 『크리에이티브 마인드』, 200쪽)

부자에게나 빈자에게나 1년은 365일, 하루는 24시간이 똑같이 주어집니다. 그 시간을 어떻게 채워나가는가는 전적으로 자신이 선택하고 책임지는 것입니다.

자신이 해야 할 일과 하고 싶은 일을 현명하게 선택하고, 제한된 시간 안에 집중해서 해내는 것. 이것이 성취하는 삶을 위한 가장 기본 원칙이 아닐까요?

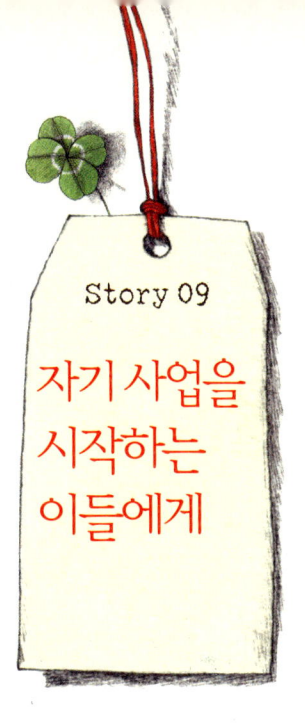

Story 09

자기 사업을
시작하는
이들에게

커뮤니티에 막 사업을 시작하려는 회원이 글을 올렸습니다. 그 회원은 자기 사업을 준비하는 심경을 이렇게 전하고 있었습니다.

"안녕하세요. 저는 지방에서 학습지 교사를 하고 있는 남자입니다. 이 일을 시작한 지는 2년 반 정도 되었고, 사교육계에서 경험을 쌓기 위해 이 일을 시작했습니다. 최종 목표는 제 이름이 들어가는 작은 교습소를 차려서 탄탄한 학원으로 키우는 것입니다. 그런데 막상 독립할 시점이 되니까 은근히 불안하네요. 지금까지는 조직 안에서 간섭도 많았지만 챙겨주는 것도 있었는데 이제 홀몸으로 바람 부는 광야에 나가려니 긴장이 많이 됩니다. 박사님도 처음 연구소를 오픈하실 때 이러셨나요? 막연한 불안감, 두려움, 긴장감…… 깨끗하게 떨쳐버리고 싶은데 잘 안 되네요."

자기 사업을 한다는 것은 자신이 내린 모든 결정에 대해 스스로 책임지는 것을 뜻합니다. 많은 사람들이 소망하긴 해도 무척 힘이 드는 길이지요. 조직의 울타리가 얼마나 대단한 것인가를 울타리 밖으로 나와보지 않고는 알 수가 없습니다. 그래서 저는 비록 조그만 가게일지라도 스스로 꾸려온 사람들을 예사롭게 보지 않습니다.

두려움, 초조, 긴장감…… 이런 복잡한 감정들이 바로 사업을 시작할 때 대부분의 사람들이 느끼는 감정일 것입니다. 사업이란 것이 마치 도박에서 판돈을 거는 것과 같아서, 돈을 잃어버리면 다시 그만한 자본을 만들어내기 위해 세월을 아껴서 축적을 해야 합니다. 그래서 정말 단단히 준비하고 마음을 먹고 시작해야 하는 것이 사업이지요.

그런데 아무리 준비를 제대로 하더라도 생각대로 돌아가지 않는 것이 사업입니다. 처음부터 멋진 히트작을 내는 행운이 함께하면 좋겠지만, 그런 행운이 누구에게나 쉽게 주어지지는 않습니다. 이런저런 시도를 해가면서 정답을 찾아가는 과정이 사업의 길이지요.

이런 와중에 자본이 부족해서 쓰러지는 사람도 있고, 스스로 지쳐서 나가떨어지는 경우도 있습니다. 사실 사업을 하다 보면 한 인간이 그때까지 쌓아온 모든 것이 시험을 받게 되지요.

며칠 전 한 신문에 라오스의 최대 기업인 코라오 그룹 오세영 회장의 인터뷰가 실렸더군요. 코라오 그룹은 종업원 6500명, 매출액 1억 8천만 달러(약 1600억 원), 그리고 순이익이 매출액의 20퍼센트를 차지하는 기업으로, 라오스의 대학생들이 가장 들어가고 싶어 하는 회사 중 하나라고 합니다.

오세영 회장은 먼 타국에서 사업을 시작하고 성공하게 된 사연을 이렇게 이야기하고 있었습니다.

"코오롱상사 근무 시절, 1986년 베트남에 '도이머이(개혁, 개방정책)'가 시작되자 바로 베트남으로 발령을 받았어요. 동남아시아의 변화를 처음부터 지켜본 겁니다. 그리고 1991년 퇴사 후 캄보디아, 태국 등지에서 무역업으로 성공과 실패를 거듭하다가 1996년 라오스에 정착했습니다."
《조선일보》, 2007. 10. 31)

지금의 어마어마한 규모와 성공을 떠올리면 오세영 회장이 경험한 굴곡이 쉽게 상상이 되지 않습니다.

이처럼 사업에는 늘 우여곡절이 있지요. 위기 뒤에는 기회가 오고, 기회 뒤에는 위기가 찾아옵니다. 하루라도 바람 잘 날이 없습니다. 하지만 그런 만큼 도전해 볼 만한 일이 아닌가 합니다. 단단히 준비하고 굳게 마음먹고 에너지를 집중한다면 승산이 아주 없지는 않을 겁니다.

오늘도 그런 마음으로 자기 사업을 시작하는 모든 분들께 행운이 함께하길 기원합니다.

Story 10
성공하는 사람들의 '편집증'

한 모임에서 지인과 대화를 나누는데, 그가 이런 이야기를 하더군요.

"공 박사님, 제 친구 한 명이 얼마 전에 책을 내서 많은 인기를 끌었던 적이 있습니다. 한국에서 돈을 모으는 데 성공한 부자들을 만나고 직접 인터뷰를 해서 만든 책입니다. 그런데 그 친구 이야기가, 그들이 무엇을 해서 돈을 벌었든지 간에 예외 없이 공통점이 하나 있는데, 그것은 누구든 약간의 편집증에 가까운 것을 한 가지 이상 가지고 있다는 점입니다."

저는 그의 이야기에 전적으로 동감했습니다. 여기서 '돈'이란 단어를 '성취'라는 말로 대신해도 별 차이가 없을 것입니다. 인생에서 자기 나름의 성취를 이룬 사람들은 편집증에 가까운 것을 한 가지 이상 가지고 있는 것 같습니다.

그런데 편집증적인 증세란 무엇을 뜻하는 것일까요? 세상 사람들 눈에는 별로 중요하게 보이지 않을지라도 스스로 '이것만은 지켜야 한다'는 것이 있게 마련입니다. 그것을 거의 극한까지 밀어붙여서 상당한 수준이나 완벽함의 경지에 이르게 되는 것을 편집증이라고 할 수 있겠지요.

여기서 편집증의 대상은 습관일 수도 있고, 자신과의 약속일 수도 있습니다. 결과에 초점을 맞추기보다는 그 과정에 극한까지 집중하는 특성을 보이는 것이 성취하는 인물의 공통점입니다. 하나를 하더라도 대충하는 법이 없다거나, 무언가를 알고자 하면 끝까지 파고든다거나, 자기가 하기로 마음먹은 것은 어떻게든 지켜내기 위해 최대한의 에너지를 끌어모으는 모습들이 나타날 것입니다. 돈이나 명성 같은 결과물은 그런 과정의 산물일 뿐이지요.

물론 자신에게 이 정도의 엄격함을 유지하지 않고도 자신이 원하는 것을 얻는 데 성공한 사람들도 있을 것입니다. 하지만 다수는 특정 부분에 대해서 극한을 추구하는 '그 무엇'을 가진 사람들입니다.

여러분이 살아가면서 반드시 지켜야겠다고, 해내야겠다고 생각하는 것은 무엇인가요?

Story 11

인생은 ONE-WAY!

오늘은 강연 스케줄이 없기 때문에 책을 쓰기에 아주 좋은 날입니다. 세상의 모든 일이 그렇듯이, 책을 쓰는 일도 시작이 무척 힘듭니다. 그래서 책의 첫 부분을 만들어내는 데 성공하면 그 다음은 한결 쉬워집니다. 무슨 일이든 그 일을 시작하도록 스스로를 설득하는 일이 가장 어려운 것 같습니다.

저의 홈페이지에는 많은 분들이 방문해서 글을 남깁니다. 그런데 이따금 다음과 같은 글들이 올라옵니다.

'지금 하고 있는 일을 잠시 정리하고 공부를 다시 하고 싶습니다.'
'예전으로 돌아가서 이런저런 일들을 해보면 어떨까요?'

이런 글을 보면 '인생은 ONE-WAY다'라는 말이 떠오릅니다.
그렇습니다. 삶은 일방통행입니다. 시간은 앞으로만 흘러가는 것이지요. 따라서 예전의 삶으로 돌아가기란 힘든 일입니다. 출사표를 던지고

정치에 입문하는 분들도 그렇고, 잘되던 사업을 남에게 맡기고 공부를 시작하는 분들도 그렇고, 새로운 길로 나아가려고 결심하는 분들은 그 결심을 행동으로 옮기기 전에 예전의 상태로 돌아가는 것은 불가능하다는 사실을 다시 한 번 생각해 보시기 바랍니다.

며칠 전 저녁식사를 하면서 들었던 이야기입니다. 한 젊은이가 어렵사리 공부를 마치고 학원업에 뛰어들었다고 합니다. 그리고 승승장구해서 거의 신화 같은 성공 스토리를 만들어냈습니다. 물론 성공을 향해 나아가는 과정에서 엄청난 노력을 쏟아부었을 것입니다.

그런데 언제부턴가 그는 정치에 곁눈질을 하기 시작했습니다. 구의원이 되고 난 다음 그의 꿈은 더욱 부풀었습니다. 마침내 국회의원 공천을 받기 위해 정치인들과 어울려 다니면서 사업을 등한시하는 일이 잦아졌고 결국 불운한 종착지에 도달하고 말았습니다. 빚도 많이 지고 젊음을 바쳐 키워냈던 학원마저 타인의 손에 넘어간 것이죠.

주변 사람들에게 그의 성공은 신화였지만, 그 신화는 몰락으로 끝나고 말았습니다. 그에게 정치에의 욕구, 즉 많은 사람들로부터 인정받고 싶은 욕구는 달콤한 유혹이었을 것입니다.

현재 하는 일에 대해 마음이 시들해지면 그만큼 유혹에 약해집니다.
만약 그런 유혹이 다가오면 양단간에 결정을 내려야 합니다.
새로운 길을 선택하느냐 아니면 자신의 길을 계속해서 가느냐.
인생이란 어차피 'ONE-WAY' 니까요.

유혹을 이겨내느냐 이겨내지 못하느냐는 결국 자신의 문제지요. 그에게 다가왔던 사람들은 어차피 그의 이익이 아니라 자신들의 이익에 따라 움직이는 존재들이고요.

자신의 중심을 잃고 곁눈질이 시작되면서 비극이 막을 올리게 되지요. 현재 하는 일에 대해 마음이 시들해지면 그만큼 유혹에 약해집니다. 만약 그런 유혹이 다가오면 양단간에 결정을 내려야 합니다. 새로운 길을 선택하느냐 아니면 자신의 길을 계속해서 가느냐. 인생이란 어차피 'ONE-WAY'니까요.

결정적인 선택을 할 때 기억해야 하는 것은, 한번 발길을 돌리면 결코 과거로 돌아갈 수 없다는 사실입니다. 또 자신이 무엇이 되었든 그 결과를 책임질 준비가 되어 있는지도 냉정히 점검해 보아야 합니다.

유혹을 따랐다가 좌절했다면 다시 일어설 수 있는 힘과 용기도 있어야겠지요. 그러나 할 수 있다면 그런 유혹을 미리 읽고 벗어날 수 있어야 합니다. 그만큼 매일매일 자신의 삶에 대해서 단단히 중심을 잡고 살아야 합니다.

여러분 모두 오늘도 단단한 하루 보내시기 바랍니다.

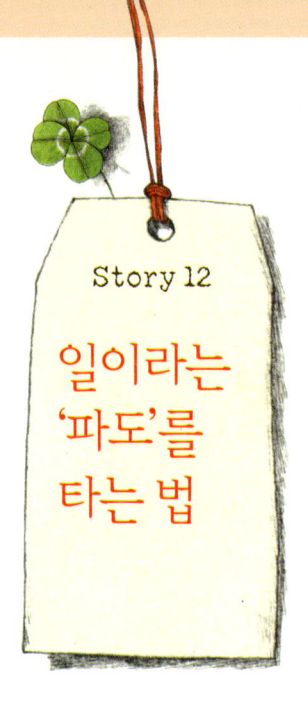

Story 12

일이라는 '파도'를 타는 법

저는 바닷가에서 자랐습니다. 경상남도 통영의 작은 시골에서요. 아직도 포말이 부서지는 바닷가 광경이 기억에 진하게 남아 있습니다. 통영에서 제법 떨어진 섬인 학림도에 어막이 있었던 탓에 유년기의 기억은 늘 그곳을 중심으로 맴돌 때가 많습니다. 파도가 밀려오는 광경은 정말 장관이지요. 밀려와서 부서지고, 또 밀려오고…….

뜬금없이 바닷가의 파도 이야기를 꺼낸 것은 일할 때의 '리듬 타기'라는 개념 때문입니다. 가만히 파도를 보고 있노라면 그 철썩 철썩 하는 소리와 모이고 부서지는 모습에서 하나의 리듬을 느끼게 됩니다. 또 외국 영화에서도 종종 멋진 배우들이 파도 타는 모습을 보게 되는데, 그냥 막무가내로 덤벼드는 것이 아니더군요. 밀려드는 파도에 집어삼켜지지 않으려면 무엇보다 그 고유한 리듬과 하나가 되어야 한다는 사실을 알 수 있습니다.

일단 리듬을 타면 일이든 사업이든 쾌속으로 달려갈 수 있지요. 그런 경험을 하다 보면 '인간이란 참으로 오묘한 존재다'라는 사실을 새삼 깨우칩니다. 일단 몰입 상태에 진입하면 객관적으로 계산이 나올 수 없을 정도의 분량을 빠르게 처리할 수 있기 때문이지요.

그래서 무엇이든 리듬을 잘 타는 습관을 갖도록 노력하는 일이 필요합니다. 이것은 삶을 멋지게 경영하는 방법 가운데 하나입니다. 일단 리듬을 탔다고 생각하면 확실하게 밀어붙이는 자세도 필요하지요. 이런 경험들을 하나 둘 해나가면서 자신의 능력에 대한 신뢰를 쌓게 되는 것도 중요한 수확이라 봅니다.

여러분도 기분 좋게 파도를 타는 느낌으로 계획한 일을 해내는 하루 보내시길 바랍니다.

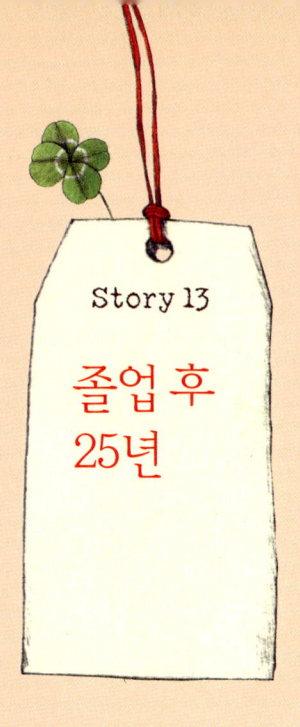

Story 13
졸업 후 25년

어제는 오랜만에 모교인 고려대학교에 다녀왔습니다. 저녁에 최고경영자 과정의 강의를 하러 가는 길이었습니다. 졸업한 해가 1983년이니까 벌써 꽤 시간이 흘렀지요.

이따금 모교를 방문할 때마다 자연히 옛날 생각을 하게 됩니다. 그때 함께 어울렸던 친구들의 모습이 눈앞에 스치기도 하고요. 졸업한 지가 25년 가까이 되면서 친구들 사이에 우열이 가려지게 됩니다. 잘된 친구도 있고 그렇지 못한 친구도 있지요. 열심히 했는데도 불구하고 운이 따르지 않아서 어려운 상황에 처한 친구들 소식도 듣게 됩니다.

마침 오늘 서울의 한 대학교 학생들을 상대로 강연이 있어서 어떤 이야기를 해줄까 생각하다가 모교 방문에서 느낀 단상을 들려주는 것으로 강연을 시작할 계획입니다.

1922년에 태어나 1995년에 생을 마감한 킹슬리 에이미스라는 영국의 유명 소설가가 있습니다. 그는 자신이 꾸준하게 작품을 쓰는 이유에 대해서 이런 이야기를 했습니다.

"이번에는 꼭 본때를 보여주마!"

자신을 세상에 반드시 일으켜 세우고야 말겠다는 굳센 의지가 킹슬리 에이미스를 평생 지탱한 힘이 되었던 것이죠. 이런 마음을 내놓고 이야기하기는 쉽지 않습니다. 그러나 이러한 오기와 경쟁심이란 것이 남을 딛고 일어선다는 부정적인 면도 있지만 이처럼 건강한 동력으로 작용할 때가 더 많습니다.

소설가만 그런 것이 아니라 인생도 마찬가지라 생각합니다. 좋은 교육을 받을 기회가 없더라도, 좋은 부모를 만날 행운이 없더라도, 부잣집에서 태어난 복을 갖지 않았더라도 인간은 스스로의 마음을 결정할 수 있지요.

'확실히 무언가를 보여주고 말 테다'라는 굳센 의지 말입니다.

졸업 후 25년을 되돌아보며 성공한 삶을 꾸려가고 있는 친구들을 생각해 보면, 꼭 집어서 이야기할 수는 없지만 그런 의지가 성장에 어느 정도 역할을 하지 않았나 싶습니다. 저 역시 그런 의지야말로 삶을 역동적으로 이끌어가는 데 큰 동력원으로 작용하고 있음은 물론이고요.

모든 분야에서 언제나 그러한 의지를 불태울 수는 없을 것입니다. 하지만 내가 선택한 분야에서만은 확실히 무언가 보여주고야 말겠다, 하는 마음을 갖고 젊어서부터 자신의 길을 개척해 나간다면 좋은 기회도 잡을 수 있을 것입니다.

Story 14

에너지를
집중하라

　　　　　　　　　　새로운 한 주가 시작되었습니
　　　　　　　　　다. 며칠 전 직장 초년 시절부터
　　　　　　　　　알고 지냈던 기자분과 저녁식사
　　　　　　　　　를 함께 할 기회가 있었습니다.
병아리 연구원 시절부터 알아온 그분과는 자주 만나지는 못하지만 서로
의 성장을 관심 있게 지켜보며 격려를 주고받는 사이입니다.

　오랜만에 만나서 둘이 알고 지내온 지난 15년의 세월을 떠올려보았습
니다. 그리고 직장생활이 10여 년도 채 남지 않은 그분과 '이모작 인생'
에 대한 이야기를 나누게 되었습니다. 결코 피해갈 수 없는 인생 이모작
을 위해 어떻게 준비해야 하는가 하는 주제로 모아졌습니다.

　누구나 바쁘게 살지만, 그 와중에 미래를 준비하는 데 성공한 사람들
이 있는가 하면, 그렇지 못한 사람들도 있습니다.

　누구나 해야 할 일은 많습니다. 그러나 그중 중요한 것에 에너지를 집
중하는 능력이나 습관이 없다면 현재를 잘 살아낼 수 없을 뿐만 아니라
미래에 대해 아무런 준비도 할 수 없습니다. 현재를 살기도 바쁜데 미래
를 준비할 여유가 어디 있느냐고 할지 모르지요. 하지만 은퇴하고 나면

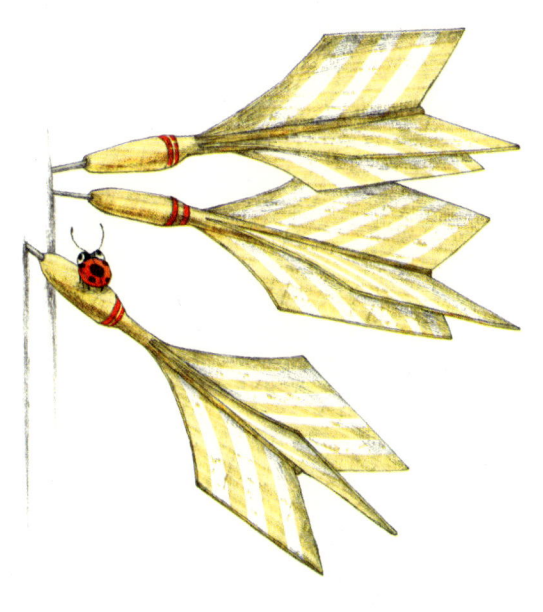

분주한 가운데에도 적절한 시간을 확보하고,
그 시간 동안 추구하는 목표를 향해
자신이 가진 에너지를 퍼부을 수 있느냐 없느냐가
결국 삶의 성공과 실패, 그리고 노후를 결정합니다.

시간은 많이 있을지 몰라도 어떤 것을 도모할 만한 의욕과 여건이 남아 있지 않을 것입니다.

분주한 가운데에도 적절한 시간을 확보하고, 그 시간 동안 추구하는 목표를 향해 자신이 가진 에너지를 퍼부을 수 있느냐 없느냐가 결국 삶의 성공과 실패, 그리고 노후를 결정합니다. 그래서 저는 '에너지를 집중하라!'라는 말을 무척 좋아합니다.

그런데 그것은 앎의 문제가 아니라 실천의 문제이자 습관의 문제입니다. 세상에 아는 사람은 많지요. 그러나 이를 자신의 것으로 만들어 성공하는 사람은 소수 가운데 소수입니다.

연일 쏟아지는 일들로 바쁜 일상 속에서 적절한 균형을 찾고 우선순위에 맞춰서 에너지를 집중시키는 것은 삶의 예술이라고도 할 수 있을 것입니다.

기자분과 나눈 대화의 한 대목을 회상하면서 몇 자 적어보았습니다.

새로운 한 주도 늘 건승하시길…….

운명의 틀을 선택할 권리는 우리에게 없다.
하지만 그 안에 무엇을 채워 넣을지는
우리에게 달려 있다.
— 함마르셸드

· · · ·

그럼요. 그렇습니다. 어느 집에서 태어날지, 어떤 부모를 만나게 될지, 어떤 시대에 태어날지, 이 모든 것들은 우리가 어떻게 해볼 도리가 없는 일들입니다. 그러나 자신의 내면 세계 속에 무엇을 채워갈지는 전적으로 자유 의지에 달려 있습니다. '인생의 콘텐츠'는 전적으로 여러분 자신이 결정하는 것입니다.

처음부터 블루프린트를 갖고 있지 않다고 해서 초조해할 필요는 없다는 사실을 기억하십시오. 인생을 실험처럼 살아가십시오. 나아가면서 이것저것 실험하고 이를 통해서 최선의 콘텐츠를 찾아가는 것입니다.

Life Skill 2

● ● ●

멈추고 싶을 때
나를 일으켜세우는 지혜

위기가 닥치면 '누구나 항상 승승장구할 수는 없다'는 삶의 평범한 진실을 있는 그대로 받아들이십시오. 그리고 '이 또한 지나가리라'라는 진리를 기억하십시오. 그러면 깊은 슬럼프 속에서도 쉽게 무너지지 않는 힘을 얻을 수 있을 것입니다.

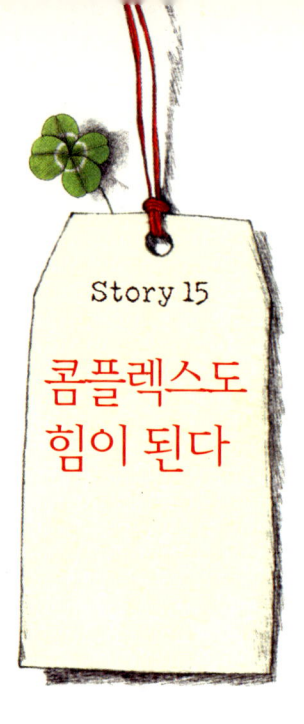

Story 15

콤플렉스도
힘이 된다

지난 해 여름, 한 젊은 여성의 학력 위조 사건을 시작으로 여러 유명인사들의 학력 위조 사실이 속속 밝혀지면서 나라가 온통 시끄러웠지요. 당시에 많은 언론사가 그 문제를 주제로 각종 특집 방송을 제작해서 내보냈습니다. 저도 몇 개 언론사와 인터뷰를 했습니다.

그때 한 TV 프로그램의 담당 PD가 이런 이야기를 하더군요.

"이 프로그램을 준비하다 보니, 유독 우리나라 사람들은 콤플렉스가 많은 것 같습니다. 공 박사님은 살아오시면서 콤플렉스 같은 것은 없으셨을 것 같은데요."

그 말에 그만 씩 웃었습니다. 세상에 콤플렉스가 조금이라도 없는 사람이 어디 있겠습니까. 저라고 예외는 아닙니다. 하지만 반드시 콤플렉스는 나쁜 것이라고, 콤플렉스를 없애야 한다고 생각하지는 않습니다. 하기에 따라서 콤플렉스는 얼마든지 좋은 방향으로 활용할 수 있기 때문입니다.

생각난 김에 '콤플렉스'의 정의를 한번 찾아보았습니다. 간단명료하게 '마음속의 응어리'라고 되어 있네요.

응어리라고까지 할 것은 없지만, 저는 남다른 머리에 초년부터 승승장구하는 사람들을 보면 '와, 저 사람은 어떻게 저렇게 공부를 잘 했을까?' 하는 생각이 들고 마음이 조금 복잡해집니다. 물론 이런 감정도 세월이 흘러가면서 무덤덤해지긴 했습니다만…….

그런 단상과 함께 얼마 전 박완서 선생님의 산문집 『호미』에서 읽었던 글귀가 오버랩되면서 지나갔습니다.

"일전에는 이십 세 전후의 젊은 음악가의 음악회에 가서 그 뛰어난 연주에 갈채를 보내면서 고통에 가까운 기쁨을 맛보았다. 겨우 스무 살에 천재성을 저렇게 아름답게 꽃피울 수도 있구나 하는 놀라움과 행복감은 어쩌면 내 참담한 스무 살과 비교가 되는 마음 때문에 고통스럽기까지 했던 게 아닐까."

세상에는 정말 좋은 환경에서 태어난 사람들이 많습니다. 뛰어난 머리, 좋은 집안, 체계적인 교육, 완벽한 영어 실력, 어릴 때부터 경험한 폭넓은 해외 경험, 넓은 인맥 등…….

그런 사람들을 소개하는 글을 만날 때마다 이렇게 복 받은 사람들도 있구나 하는 생각이 절로 들면서 슬그머니 나의 20대와 비교가 되곤 합니다. 아마도 박완서 선생님이 그 젊은 음악가를 보면서 느낀 소회도 그런 것이 아니었을까 싶습니다.

한편으론 그런 콤플렉스 때문에 더욱 열심히 살아야겠다는 결심을 굳게 갖는지도 모릅니다. 부족함이 있는 만큼 이곳저곳 기웃거리지 않고 자신이 귀하게 생각하는 곳에 시간과 에너지를 쏟아붓겠다는 단단한 각오 말입니다.

오늘 아침에 강연장에서 저는 이런 이야기를 했습니다.
'인생이란 끊임없이 콤플렉스를 극복해 가는 과정이다.'
콤플렉스를 극복하기 위한 노력이 인생을 업그레이드시켜 줄 수도 있을 겁니다. 물론 말처럼 쉬운 일은 아니겠지만 말입니다. 하지만 적어도 '아무리 잘나 보이는 사람이라도 콤플렉스가 없는 사람은 없다'는 사실을 위안으로 삼을 수 있습니다.
오늘은 여러분이 지닌 콤플렉스를 가만히 들여다보고 거기에 대해 자기 자신과 대화를 나누는 시간을 갖는 것은 어떨까요? 그것이 콤플렉스를 건설적인 방향으로 이끌어가는 첫 걸음일 테니까요.

한편으론 그런 콤플렉스 때문에
더욱 열심히 살아야겠다는 결심을 굳게 갖는지도 모릅니다.
부족함이 있는 만큼 이곳저곳 기웃거리지 않고
자신이 귀하게 생각하는 곳에
시간과 에너지를 쏟아붓겠다는
단단한 각오 말입니다.

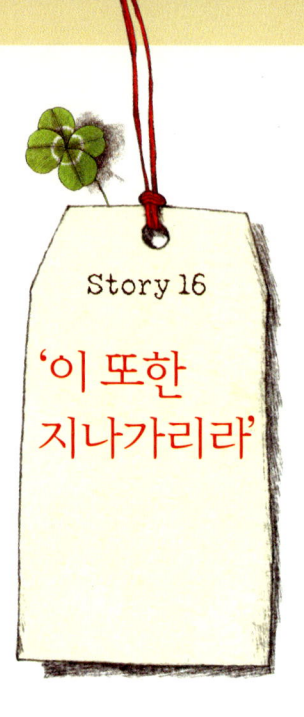

Story 16

'이 또한 지나가리라'

　살면서 어려움을 겪어본 사람이라면, 비록 자신과 특별한 인연이 없는 사람이라 할지라도 누군가 어려움을 이겨내고 재기에 성공하는 것을 보는 심정이 남다를 것입니다.

　며칠 전 아침 신문에 박세리 선수가 2년 만에 다시 LPGA에서 승리를 거둔 기사가 크게 실렸더군요. 2년은 무척 긴 시간이지요. 그 세월 동안 숱한 사람들의 수군거림이 있었을 것입니다. 그런 속에서도 결코 좌절하지 않고 다시 일어선 박세리 선수에게 저 역시 마음속으로 큰 박수를 보냈습니다.

　어느 분야에서건 최전선에 서 있는 사람들에게는 위기의 순간이 오게 마련입니다. 상황의 변화, 기량의 한계, 심적인 변화 등 여러 원인이 있겠지요. 이런 어려움은 짧게는 몇 개월에 그칠 수도 있지만 어떤 경우에는 몇 년이나 계속될 수 있습니다. 그런 와중에 무대에서 사라져버린 인물들이 한둘이 아닙니다.

　그러나 이런 때일수록 한 인간의 진면목이 드러납니다. 결국 재기할 수 있느냐 없느냐는 본인에게 달려 있습니다. '당신의 시대는 끝났어. 더 이상 기회는 없을 거야'라는 세상의 평판처럼 가혹한 것도 드물지요. 그러나 어차피 '잘 나갈' 때는 박수를 치지만 조금이라도 밀리는 기세가 보이면 냉정하게 외면하는 것이 세상인심입니다.

그러므로 결과의 좋고 나쁨에 관계없이, 타인의 평에 신경 쓰지 말고 늘 자신에 대한 믿음을 잃어버리지 않는 것이 중요합니다. 자신에 대한 믿음을 버리지 않는 한 '내일은 내일의 해가 다시 떠오르는' 것처럼 당당하게 재기할 수 있을 테니까요.

자신을 믿고 좌절을 극복하는 능력. 살아가면서 반드시 필요한 중요한 능력이지만 쉽게 지닐 수 있는 능력은 아닙니다. 학원이나 책에서 배울 수 있는 것도 아니고요. 박세리 선수는 심한 슬럼프를 이겨내면서 그런 능력을 갖추게 되었을 것입니다. 여러 가지 어려움을 경험하다 보면 '자신과 상황을 객관적으로 바라보기', '자신을 격려하기' '재기하기' 등 다시 차고 일어서는 힘과 능력을 기를 수 있으니까요.

위기가 닥치면 '누구나 항상 승승장구할 수는 없다'는 삶의 평범한 진실을 있는 그대로 받아들이십시오. 그리고 '이 또한 지나가리라'는 진리를 기억하십시오. 그러면 깊은 슬럼프 속에서도 쉽게 무너지지 않는 힘을 얻을 수 있을 것입니다.

삶은 늘 굴곡을 지니게 마련입니다. 작은 일에 '일희일비'하지 않고 스스로를 믿으면서 꾸준히 노력하다 보면 좋은 날이 올 것입니다. 오늘도 여러분의 건승을 빕니다.

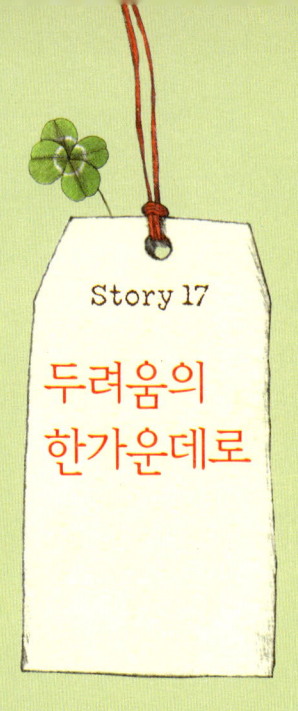

Story 17

두려움의
한가운데로

프로 스포츠계에서 8년 정도 롱런했던 선수를 만날 기회가 있었습니다. 이런저런 이야기를 나누다가 다음과 같은 질문을 던졌습니다. "시합을 앞둔 시점에서 두려움과 정신적 압박감이 매우 컸을 텐데, 나름의 퇴치법이 있습니까?" 그러자 그 선수는 기다렸다는 듯이 이런 이야기를 들려주더군요.

"큰 시합을 앞두고 있을 때는 누구든지 두려움이나 불안감을 갖게 되지요. 그래서 평소에 뛰어난 선수라도 본 시합에 들어가면 어처구니없는 실수를 저지르는 경우를 의외로 많이 보았습니다. 저 역시 프로 데뷔 첫 시합에서 사람들의 기대를 저버리고 완전히 시합을 망치고 말았습니다. 저 때문에 패배했다고 해도 무리가 아닌 그런 시합이었습니다.

이후 저는 그 원인을 꼼꼼하게 분석했습니다. 그렇게 해서 깨우친 사실은, 익숙해지면 두려움이나 불안감이 사라진다는 것이었습니다. 스트레스 역시 익숙하지 않기 때문에 일어나는 일이라 생각합니다. 저는 그 원칙을 현역으로 뛰는 동안 철두철미하게 제 자신에게 적용시켰습니다.

제가 뛴 시합을 철저히 분석하기 위해 비디오 시청을 즐겼습니다. 시합에서 만날 상대방의 경기 내용도 여러 번 보았구요. 그리고 연습을 남보다 훨씬 많이 했습니다. 이렇게 익숙해지면 자연히 스트레스나 불안감이 없어지게 되죠."

어느 분야에서 활동하고 있더라도 누구나 귀담아 들을 만한 조언이라고 생각합니다. '익숙해지도록 노력하라! 그러면 심리적 장벽들을 자연스럽게 넘어설 수 있을 것이다.' 뿐만 아니라, 익숙해지다 보면 그전에는 보이지 않던 기회도 보이기 시작할 것입니다.

두려움을 극복하는 가장 확실한 방법은 두려움의 대상으로 직접 뛰어드는 것이라는 말이 있습니다. 두려움이란 실체이기보단 하나의 생각이기 때문에 멀찍감치에서 추측만 하거나 피하려고 할수록 오히려 더 우리를 옭아매게 됩니다. 그러므로 두려움의 한가운데서 그것에 부딪치고 익숙해질수록 두려움이 줄어들 수밖에 없을 것입니다.

도전해야 하는 일인데 다가갈 자신이 없고, 두렵고, 자꾸만 외면하고 싶은 것이 있습니까? 억지로라도 한 번, 두 번, 들여다보세요. 그러면 어느 틈엔가 익숙해져서 더 이상 두렵지 않을 테니까요.

Story 18

불안감 다스리기

이른 새벽, 잠에서 깨어 누워 있노라면 머릿속으로 여러 생각이 스쳐 지나갑니다. 그런데 그 중심에는 항상 일종의 '불안감'이 자리를 잡고 있습니다. 사실 살아간다는 것은 '예측할 수 없음'과 동전의 양면 관계에 있으니까요.

학교에 다닐 때는 성적이나 숙제 등으로 불안감이 따라다녔습니다. 그러다가 사회생활을 시작하고서는 직장에서 자신의 자리를 지켜야 한다는 부담감에 앞으로 어떻게 살아야 할지, 무엇을 준비해야 할지 등을 끊임없이 걱정해야 했습니다.

세월이 흘러 중년을 넘어섰는데도, 또 내가 선택한 분야에서 선전하고 있는데도 불안과 걱정은 사라지지 않네요. 건강에 대한 걱정, 아이들에 대한 염려, 경제적인 불안감, 자신의 경쟁력에 대한 불안감 등…….

긍정적으로 보면 이런 심리가 계속 앞으로 나아가게 하는 힘이 된다고 믿습니다만, 그래도 불안감은 불안감일 뿐, 반가운 감정은 아닙니다. 저처럼 자기 사업을 하는 사람은 쉬고 있어도 마음은 항상 일 중심으로 돌아갑니다. 아마도 그런 마음의 밑바탕에는 성장에 대한 열정도 있 겠지만, 실패나 실수에 대한 불안감이 놓여 있을 것입니다. 자신이 세상에서 잊혀진 존재가 되어버릴 수도 있다는 불안감 같은 것 말입니다. 그래서 알랭 드 보통은 불안을 두고 '생존에 가장 적합한 사람은 불안에 떠는 사람일 수도 있다'고 말했나 봅니다.

　욕심이 적고 성취하려는 목표가 안분지족하는 수준이라면 그런 불안감도 조금 덜할 수 있겠지요. 하지만 살아가는 일이 늘 그럴 수는 없지 않습니까?

　대체로 조금만 더, 조금만 더 하면서 목표를 높이며 살아가게 되지요. 그러면 그에 비례해서 짊어져야 하는 리스크의 크기도, 자신이 떠안아야 할 불안감의 양도 커지구요.

　그래서인지 얼마 전 아이의 졸업식에 참석했을 때 환하게 웃고 있는 아이를 보며 '다시는 이런 평화롭고 유쾌한 시간이 돌아올 수 없을 텐데……' 하는 애잔한 마음이 들었습니다. 한창 성장해 가는 아이들이 대견하면서도, 다른 한편으로는 치열한 현실세계에 한 걸음씩 가까이 다가서는 것이 안됐다는 생각이 들기도 합니다.

미래를 향해 발을 내딛는 것 자체가 불안과 함께하는 것이지요. 삶에서 불안감을 없앨 수 있는 방법은 미리 계획을 세워서 준비하는 것입니다. 또한 자신의 마음을 차분하게 들여다볼 수 있는 시간도 필요합니다. 그러자면 자신을 추스르고, 격려하고, 칭찬하는 자신만의 방법이나 습관 한두 가지는 갖고 있어야 합니다. 모두가 잠든 새벽 같은 때에 자기 자신과 단 둘이 대면하면서 격려나 칭찬, 위안을 하는 것도 좋겠지요.

우선, 오늘 하루 열심히 살아낸 자신을 칭찬하면서 하루를 마무리하해 보시기 바랍니다.

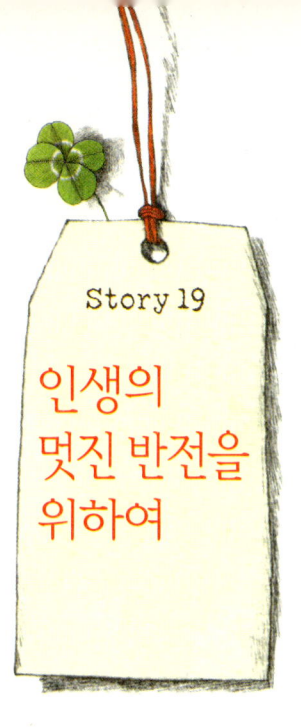

Story 19
인생의 멋진 반전을 위하여

매서운 겨울바람이 몰아치던 지난 겨울이었습니다. 차에서 내려 강연장까지 이동하는데, 이렇게 추운 날씨에 몇 분이나 오실까 걱정될 정도였죠. 하지만 다행히도 강연장이 꽉 찰 만큼 많은 분들이 오셨습니다.

강연회 말미에 한 분이 던진 질문 가운데 이런 내용이 있었습니다.

"언젠가 빌 게이츠가 '인생은 불공평하다'라고 말한 것을 읽은 적이 있습니다. 그런 불공평함 속에서 평범하게 태어난 젊은이가 이를 극복할 만한 방법에는 어떤 것이 있을까요?"

그렇습니다. 인생은 불공평하죠. 이런 이야기를 할 때면 많은 사람들이 좋은 부모 밑에서 태어나는 것, 부모로부터 많은 재산을 물려받는 것을 제일 먼저 떠올립니다. 그러나 어디 그것뿐일까요? 신체의 특성이 다른 것은 물론이고 눈에 보이지 않는 불공평함을 생각해 보세요. 모든 사람이 유전자 자체가 다릅니다.

불공평함을 극복하기 위해서는 먼저 유전자를 다르게 타고나는 것,

그렇게 삶이 불공평하다는 것을 받아들이는 자세가 필요합니다.

하지만 인생이란 원래가 불공평하다고 해서 그냥 주어진 대로 살아야 하는 것은 아닙니다. 내가 바꿀 수 없는 것도 있겠지만 자신의 노력으로 개선할 수 있는 부분도 얼마든지 있기 때문입니다.

불공평한 현실을 받아들이고 이를 극복하는 길은 멀고도 험합니다. 하지만 이 시대는 어떤 면에서는 그것이 다른 어느 때보다 가능한 시대입니다. 개인이 정보원에 접근할 수 있는 가능성이 커졌고, 이에 비례해서 기회도 상대적으로 많아졌으니까요.

기꺼이 시간과 비용을 들여서 자신의 삶을 반전시키기 위한 헌신적인 노력이 필요합니다. 주어진 조건에 만족하면서 적당히 살아가는 인생과, 자신에게 주어진 상황을 거부하고 이를 반전시키기 위해 전부를 거는 인생, 이 두 가지 인생 가운데 여러분은 어떤 쪽을 택하시겠습니까?

오늘도 삶의 반전을 위해 노력하는 하루 보내시기 바랍니다.

인생이란 원래가 불공평하다고 해서
그냥 주어진 대로 살아야 하는 것은 아닙니다.
내가 바꿀 수 없는 것도 있겠지만
자신의 노력으로 개선할 수 있는 부분도 얼마든지 있기 때문입니다.

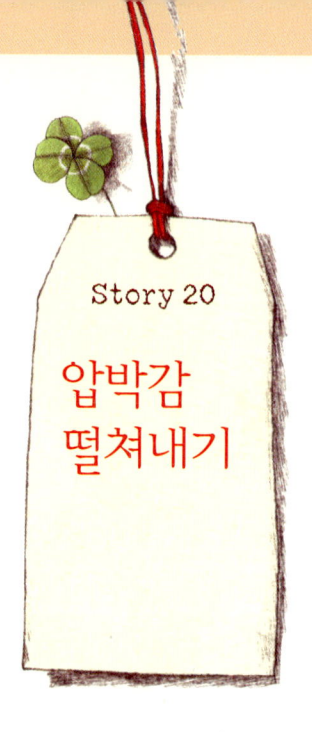

Story 20

압박감 떨쳐내기

살아가는 일, 특히 성취하는 삶은 늘 크고 작은 압박감을 이겨내는 과정입니다. 무언가를 성취하기 위해 나선다는 것은 곧 도전을 뜻하고, 모든 도전에는 압박감이 뒤따르니까요.

작긴 합니다만, 저는 지금도 압박감을 느끼고 있습니다. 중요한 강연을 앞두고 있거든요. 수백 번의 강연을 해왔지만 그중에서도 특히 더 많은 도전의식을 불러일으키는 강연이 있게 마련이지요. 지금 들어가는 강연도 약간의 압박감을 주는 강연입니다.

이렇게 압박감이 느껴질 때는 어떻게 할까요? 저는 '이제까지 잘해왔으니까 오늘도 잘 해낼 거야!'라고 그냥 믿어버립니다. 물론 아무 근거는 없지만, 과거의 경험에 미루어 스스로를 일단 한번 믿어보는 것이죠.

어제 도널드 트럼프의 책을 읽었는데, 그가 압박감을 어떻게 처리하는가에 대한 이야기가 잠깐 나오더군요.

"내가 외부로부터의 압박을 이겨내는 데 사용하는 한 가지 효과적인 방법은 인생의 무상함을 생각하는 것이다."

인생의 무상함이라…… 한 번뿐인 인생, 모든 것은 지나가고 변하는데, 지금의 이 '고난'도 그렇게 흘러가지 않겠습니까?

도널드 트럼프는 집을 사고 안절부절못하는 와튼 스쿨 출신의 모범생 친구에게 이렇게 말하기도 합니다.

"친구, 자네가 좋은 회사에서 일하고 있어서 정말 다행이야. 자네는 절대로 사업 같은 건 하지 못할 테니까 말이야. 자네는 사업이 주는 압박감을 이겨내지 못할 거야."

인생은 일종의 게임들로 이루어져 있지요. 일단 모든 게임에 닥쳤을 땐 이기기 위해 최선을 다해야 합니다. 그 다음엔 결과를 받아들여야 합니다.

'압박감이 느껴질 때면 인생의 무상함을 생각한다.'

도널드 트럼프로부터 한 수 배울 수 있었습니다.

자, 그럼 저는 압박감의 꼬리를 잘라내고 슬슬 강연장으로 이동해야겠습니다.

여러분의 마음속에는 지금 어떤 압박감이 있으신가요? 있다면, 일단 자신을 믿고, 그 믿음으로 압박감을 현명하게 이겨내는 씩씩한 하루 보내시기 바랍니다.

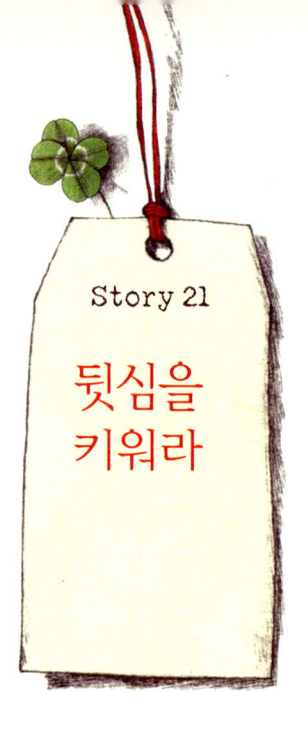

Story 21

**뒷심을
키워라**

승자와 패자가 있는 스포츠 중계를 가만히 보다 보면, 해설가들이 진 팀이나 선수에 대한 분석을 하며 종종 '경기 후반, 뒷심이 딸려서 패하고 말았다'라고 표현하는 것을 듣습니다. 저 역시 중요한 일을 할 때면 '뒷심'이란 단어를 떠올리게 됩니다.

어떤 일을 하든지 마지막까지 완주를 해야 합니다. 그런데 이런 일들을 물 흐르듯 척척 해내는 사람들이 있는 반면에, 항상 이리저리 분주하게 움직이지만 마무리를 제대로 하지 못하는 사람들도 많습니다.

전자를 두고 '유능한' 사람이라고 부를 수 있고, 후자를 두고 '무능한' 사람이라고 부를 수 있을 것입니다. 그러나 잘하려고 하지만 좀처럼 잘되지 않는 경우도 있지 않습니까? 저는 그 패인이 '뒷심 부족'이라고 생각합니다. 전반부에 아무리 선두를 지킨다 해도 마지막 순간에 스퍼트를 해서 종착지까지 도달하는 데는 '뒷심'이 반드시 필요하니까요.

그런데 이런 뒷심을 어떻게 만들어낼까, 이것이 문제입니다. 뒷심을 만들어내는 저만의 방법을 한 가지 말씀드리겠습니다.

양복을 입고 작업을 하는 경우는 좀 힘들지만, 평상복을 입고 작업을 할 때면 얼마든지 실천에 옮길 수 있는 방법입니다.

책상 앞에 앉아 일을 하고 있을 때, 의자에 그냥 앉아서 일을 하는 경우와, 의자에 가부좌를 틀고 앉는 것 사이에는 상당한 차이가 있습니다. 물론 늘 가부좌를 틀고 앉을 수는 없습니다만, 일단 일을 집중적으로 할 때는 엉덩이를 의자의 뒤쪽에 바짝 밀어붙인 채 상체를 똑바로 세우고 앉는 것이 좋습니다.

마치 단전호흡을 할 때와 같은 모습이지요. 이렇게 상체를 똑바로 세우고 자세를 바로 하면 단전에 기가 모이듯이 무게중심이 단전을 중심으로 생겨납니다. 이때 '뒷심'이 생겨난다는 느낌을 받게 됩니다. 마치 앞을 향해 질주하는 데 반드시 필요한 튼튼한 받침대가 만들어진 기분을 느끼게 되지요.

흔히 공부를 잘하거나 일을 똑부러지게 하는 사람을 한번 떠올려보십시오. 꼭 가부좌를 틀진 않더라도 대부분 이렇게 꼿꼿이 앉아 있지, 배를 쑥 내밀고 편하게 앉아 있지는 않을 것입니다.

일상 속에서 그리 어렵지 않게 실천할 수 있는 방법이니, 특히 책상 앞에 오래 앉아 일해야 하는 분들이라면 적극 활용해 보셔도 좋습니다.

모든 일은 시작과 끝이 있고, 특히 매듭을 잘 짓는 것이 중요합니다. 그러려면 이 뒷심이 없어선 안 되겠지요. 뒷심을 만들어내는 또다른 방법에는 어떤 것이 있을까요? 뒷심을 만들어내는 여러분만의 방법을 찾아보시기 바랍니다.

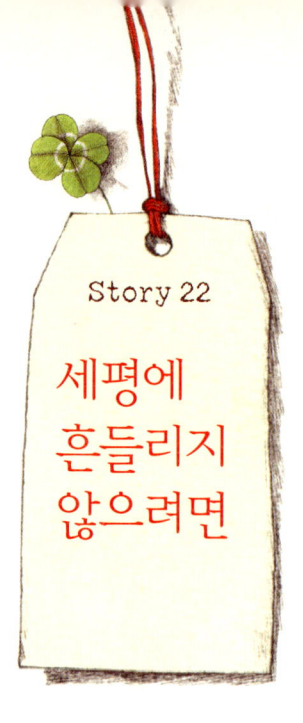

Story 22
세평에 흔들리지 않으려면

"스포츠는 냉정해요. 영웅은 곧 잊혀지죠. 첫 6개월은 길 가던 사람들이 모두 사인을 청하고 사진을 찍자고 해요. ……이후 1년은 사람들이 쳐다보면서 가고……."

탁구선수 유승민 씨의 인터뷰 한 대목입니다. 스포츠처럼 인생 역시 냉정합니다. 남의 환호에 들썩들썩 하다가는 나중에 낭패를 보게 되지요. 그래서 주변의 환호나 박수에 연연해하지 않고 살아가야 합니다.

그런데 이런 '평상심'을 유지하기가 쉽지 않습니다. 특히 젊은 날에는요. 그래도 늘 '나는 누구인가?'라는 본질적인 질문에 대한 답을 기억해야 합니다. **명성이란 것은 늘 오고 가는 것이라, 올 때 지나치게 기뻐하지 말고 가버릴 때 지나치게 슬퍼하지 않아야 합니다.** 결국 칭찬이나 환호는 모두 남의 것이지, 내 것이 아니거든요.

남이 알아주든 그렇지 않든 자기 길을 묵묵히 걸어가십시오. 꼭 승리해야겠지만 결과는 잠시 제쳐두고 자신의 삶에 최대한 충실하면 됩니다. 줏대를 잃지 않는 인생을 향해서 말입니다.

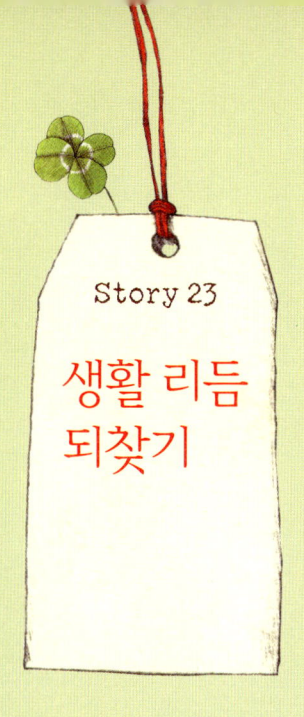

Story 23

생활 리듬
되찾기

연휴나 휴가 후에, 그리고 날씨가 많이 덥거나 할 때는 생활 리듬이 깨졌다고 호소하거나 슬럼프라며 고민하는 분들이 많은 듯합니다. 누구나 이따금 생활 리듬이 깨져버릴 때가 있지요.

팽팽한 긴장감이 생활을 지배하고 스케줄이 꽉 차 있을 때는 오히려 그런 일들이 일어날 가능성이 낮습니다. 그러나 올해처럼 더위가 계속되고, 이런저런 일들이 얽히면 생활 리듬이 깨지기 쉽습니다.

그런 상황에 처했을 때 극복하는 방법은 사람마다 다를 것입니다. 그러나 많은 사람들이 그냥 기분이 좋아질 때까지, 저절로 생활 리듬이 되찾아질 때까지 기다리는 것 같습니다. 이런 방법은 느긋하게 기다린다는 장점이 있긴 하지만 그만큼 시간이 많이 걸린다는 단점이 있습니다.

반면에 원래대로, 아니 평소보다 더 바쁘게 움직이도록 애쓰는 방법도 있습니다. 그런데 이것이 생각보다 꽤 괜찮습니다. 몸을 부지런히 움직일 수 있는 일을 찾아보는 겁니다. 완벽하게 정리되어 있지 않은 일이라도 일단 시작하고, 일부러 약속을 만들고, 주변을 정리하고…… 스스로를 바쁘게 움직이도록 이것저것 명령하는 것이죠. 꼭 바쁘게 지내지 않아도 될 때라도 일부러 자신을 바쁘게 만들어버리는 겁니다.

이것은 짧은 시간에 생활 리듬을 원위치시킬 수 있는 방법 가운데 하나입니다. 누구든 고도의 생산성을 발휘하게 하는 데 탁월한 효과를 발휘하기도 하고요.

전천후로 씩씩하게 살아가는 사람이라도 슬럼프가 닥치거나 생활 리듬이 깨지는 경우는 피할 수 없습니다. 그럴 때면 자기 자신을 탓하거나 더 깊은 절망으로 빠지지 말고 스스로를 바쁘게 만들어보세요. 처리해야 할 일들을 서둘러 시작하고, 주변의 소소한 일들을 정리합니다. 몸을 부지런히 움직이면 자연스럽게 마음도 최적의 상태로 돌아가게 됩니다. 간단한 생활습관이지만 무척 유용하게 활용할 수 있는 방법이지요.

긴 휴가와 지난 더위로 후유증에 시달렸다면, 이 방법으로 리듬감을 되찾고 산뜻하게 새 계절을 맞이하시기 바랍니다.

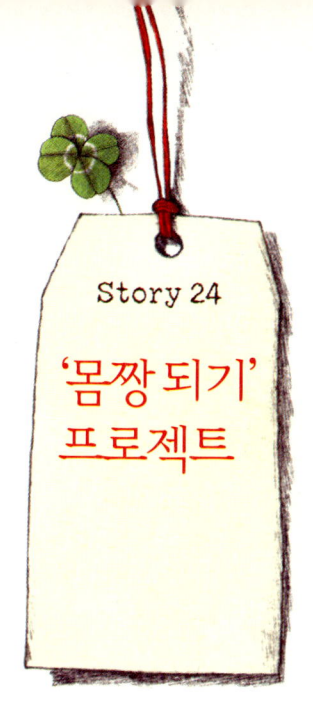

Story 24

'몸짱 되기'
프로젝트

더위가 몰려왔다가 또 아침저 녁으로는 쌀쌀해지는 계절입니 다. 모두들 건강하신지요?

저는 요즘 '몸만들기'에 열중 하고 있습니다. 웬 몸만들기냐구요?

몇 주 전에 큰아이가 운동을 하던 곳에 갔는데, 열심히 뛰고 근력운동 을 하는 사람들을 보고 있자니 '나도 한번 시작해 봐?' 하는 생각이 들 더군요.

나이를 먹어갈수록 근력을 유지하는 일이 무척 중요하다고 합니다. 왜냐하면 '튼튼한 근육이 저항력을 키우는 최후의 보루'이기 때문이랍 니다. 삶이라는 장기전에 대비하려면 강한 '인프라스트럭 처', 즉 강인한 근력을 만들어야 하지 않을까 하는 생각 도 들었습니다.

결국 저도 전문가의 도움을 받아 몸만들기 프로젝트를 시작했고, 어 느새 3주째가 되었습니다.

모든 일이 그렇겠지만, 근육운동을 한다는 것이 만만치 않은 일이더

군요. 사실, 지금까지는 상상도 못했던 체험을 했습니다. 제대로 운동을 하고 난 다음 날은 근육통 때문에 옷을 벗고 입는 것조차 힘이 들더군요. 한번은 대구에 강연을 갔는데 내릴 즈음에 도저히 혼자서 양복 상의를 입을 수가 없어서 지나가는 승무원의 도움을 받기도 했습니다. 저는 차량으로 이동을 할 때면 작은 일이라도 무언가를 하는 편인데, 그날은 오고 가는 길에 완전히 녹초가 되어서 계속 잠만 잤습니다.

그렇게 이루 말할 수 없을 정도의 고통스러운 나날이 지나갔습니다. 지인 가운데 한 분이 근육통을 한번 심하게 앓고 나면 괜찮을 거라고 하던데, 더운 여름날 정말 제대로 확실히 '대가'를 치렀습니다. 역시 귀한 일치고 고통 없이, 그만한 대가 없이 이뤄지는 일은 없는가 봅니다.

그런데 문제는 이처럼 운동을 하는 사이에도 강연은 계속해야 하고 자기경영아카데미 강의도 연이어 있었다는 사실입니다. 그래서 정말 '터프'한 시간을 보냈습니다. '몸짱 되기' 프로젝트로 인해서 가뜩이나 바쁜 생활 속에 순수 운동 시간만 하루 1시간 30분, 그리고 피로를 회복하기 위한 시간까지 합하면 대단한 시간을 투자하고 있습니다.

공병호의 '몸짱 되기' 프로젝트! 무엇이든 이렇게 삶에서 변화를 추구하는 노력은 좋은 일이지요. 젊은 사람들보다 근육이 피로를 회복하는 속도가 느리다는 사실에, 이게 세월이구나 하는 서운함도 사실 약간 듭니다.

자, 여러분도 '몸짱 되기' 프로젝트에 동참하시지 않겠습니까?

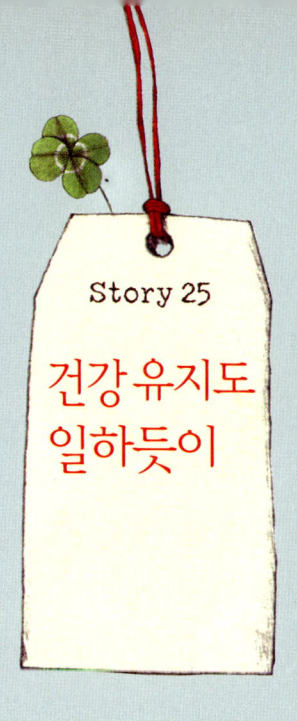

Story 25

건강 유지도
일하듯이

어느새 금요일입니다. 일정에 맞춰서 하루하루를 분주하게 생활하다 보면 이렇게 금세 금요일이 되곤 하지요.

저는 거의 매일 많은 분들 앞에 서야 하는 일을 하기 때문에 무엇보다 아프지 않는 게 정말 중요합니다. 타고난 건강 체질은 아니지만 다행히 평소에 몸을 잘 관리한 덕에 지난 몇 년 동안 건강 때문에 강연에 차질을 빚은 경우는 거의 없었습니다. 하지만 건강이란 누구도 장담할 수 없는 것이어서 제게도 아찔한 순간이 몇 번 있었습니다.

최근의 기억은 이번 월요일의 연세대 강연이었습니다. 그날은 '위기의 공병호'라고 표현할 수 있을 정도로 몸 상태가 좋지 않았습니다. 특히 목 부위에 문제가 발생했습니다. 몸살 증세도 있었구요.

하지만 그렇다고 해서 끙끙 앓으며 아픈 것만 걱정하고 있을 수는 없었습니다. 저는 항상 어떤 어려움이나 문제를 만나면 가장 빠른 시간 안에 문제를 어떻게 해결할까를 먼저 생각합니다. 왜 그렇게 되었는지 원인을 찾고, 원인 가운데 손을 댈 수 있는 부분을 우선 고칩니다.

월요일에 강연을 마치고 이동하는 길에 제 몸 상태를 보니, 병원을 가지 않으면 증세가 더 심각해져 오랫동안 앓게 될 거라는 판단이 섰습니다. 오후 6시 50분 정도였는데 차는 가양대교 위에서 꼼짝을 하지 않았습니다. 여의도 불꽃 축제 때문에 사람들이 여의도로 몰려가느라 정체가 무척 심한 날이었거든요. 그래서 아내에게 전화를 해서 평소에 다니는 이비인후과 선생님에게 잠시만 기다려달라고 부탁해 줄 것을 청했습니다.

그렇게 병원에 다녀오고, 그 다음 날은 오전 일정을 처리한 다음 목욕을 하고 반나절 동안 완전히 쉬었습니다. 덕분에 완벽하지는 않았지만 수요일에는 제자리로 돌아올 수 있었습니다.

상황 파악, 필요한 조치의 실시, 휴식, 원위치로 이어지는 과정을 경험하면서, 건강을 유지하기 위해서도 일을 처리할 때처럼 상황을 정확하게 판단하고 즉시 필요한 조치를 취해야 한다는 사실을 새삼 깨달았습니다.

물론 그보다 더 중요한 것은 예방 조치를 잘해서 건강이 악화되지 않도록 하는 일이겠지요.

여러분, 주말에도 몸조심하시고 늘 건강하시기 바랍니다.

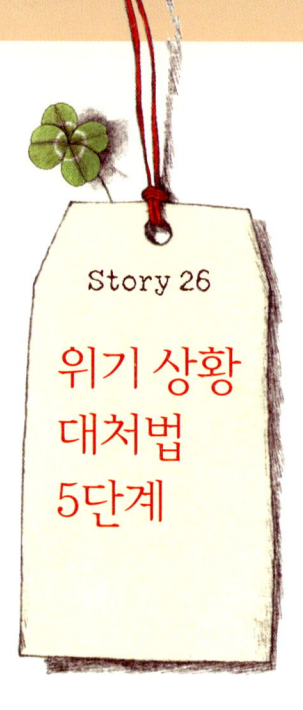

Story 26
위기 상황
대처법
5단계

안녕하세요. 오늘 모두 좋은 컨디션으로 하루를 보내셨는지요.

오늘 오전에 매우 중요한 강연이 잡혀 있었습니다. 500여 명이 참석하는 큰 행사였지요. 아침 6시 20분쯤 집에서 출발할 계획을 세웠는데, 나가보니 초청 기관에서 보내기로 한 기사분이 아직 도착하지 않았습니다.

1~2분이 지나면서 무슨 일이 일어났구나 하는 생각이 들었습니다. 그래서 담당자에게 전화를 해보니 위급 상황이었습니다. 함께 가기로 한 기사분이 주차장에서 차를 아직 빼지 못하고 있다는 것이었습니다.

담당자는 정말 당황했을 것입니다. 무척 중요한 행사였거든요. 저 역시 조금 당황했습니다. 그러나 문제가 발생했을 때는 문제에 집중할 것이 아니라 문제의 해결에 집중해야 한다는 것을 경험과 세월을 통해서 잘 알고 있지요.

저는 기사분의 전화번호를 알아내서 전화를 했습니다. 그때가 6시 38분이었습니다. 그리고 이동하면서 전화로 만날 장소를 알려주겠다고 한 후, 세 개나 되는 가방을 끌고 아파트 앞에서 택시를 탔습니다. 그리고 이동하면서 기사분과 통화를 했습니다. 결국 7시 3분에 한담대교 남단에서 기사분과 만날 수 있었습니다.

그렇게 행사장에 도착한 시간은 8시 무렵이었습니다. 그리고 행사까지 한 시간 정도 시간이 남아서 이 글을 올리고 있습니다.

사소한 일처럼 보이지만, 위기 상황이 발생하면 어떻게 해야 하는가를 가르쳐주는 사건이었습니다. 이 사건을 계기로 위급 상황에 대처하는 방법을 다시 한 번 생각해 보았습니다.

첫째, 당황하지 말 것. 죽고 사는 문제가 아니라면 그렇게 화급하고 대단한 일은 없다는 사실을 스스로에게 주지시켜야 합니다.

둘째, 문제가 아니라 문제의 해결책에 집중할 것. 어차피 삶이란 문제 발생의 연속입니다. 이미 발생한 문제에 집중하면 짜증밖에 안 납니다. 문제의 해결책에 집중하면 자연히 차분해질 수 있지요.

셋째, 생각해 낼 수 있는 모든 대안을 고려할 것. 기존의 방법만이 아니라 다양한 대안을 생각해야 합니다.

넷째, 상황을 주도할 것. 결국 책임을 져야 하는 사람이 누구인가를 생각하고, 스스로 상황을 주도하면서 당황한 사람들을 인도해야 합니다.

다섯째, 화를 내지 말 것. 관련자에게 화를 내는 일은 최악입니다. 어려움에 처하면 사람의 됨됨이가 드러납니다. '위기 상황에서도 냉철하게 상황을 주도하고 남을 나무라지 않았던 인물'로 기억되어야 합니다.

오늘 아침의 일은 짧은 경험이었지만 위기 상황에서 사람이 어떻게 해야 하는가를 한 번 더 점검할 수 있는 기회였습니다.

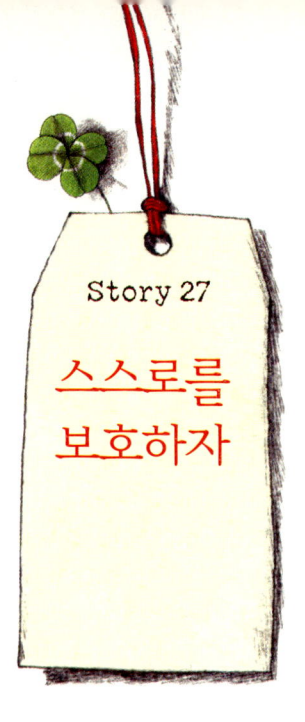

Story 27

스스로를
보호하자

사람 사는 세상에는 갖가지 일이 일어나게 마련입니다. 얼마 전, 한 카페에서 우연한 기회에 두 사람이 나누는 대화를 듣게 되었습니다.

40대 초반 정도 된 부인이 전화 금융사기를 당했더군요. 요새 한창 기승을 부리는 바로 그런 수법이었습니다. 5년 동안 먹을 것 먹지 않고, 입을 것 입지 않고 모은 3천 6백만 원을 중국에서 걸려온 전화 한 통에 속아서 고스란히 날린 사건이었습니다.

부인은 연신 흐느끼고…… 옆에 앉아서 사건의 전말을 간간이 듣고 있자니 안타깝고 영 마음이 편치 않았습니다.

사람이 어떤 일에 열중하다가 전화를 받으면 순간적으로 무방비 상태에 빠지게 됩니다. 그러니까 두뇌의 모드가 상황에 적절한 상태로 전환하는 데 약간의 시간이 필요합니다. 주로 이 틈에 사기 사건들이 일어나지요. 딴 생각을 하고 길을 걷다가 물건을 사라고 권하는 사기에 빠지는 경우도 마찬가지입니다.

3천 6백만 원. 참 큰돈입니다. 사기를 친 사람은 그 부인의 5년치 노동력과 시간을 앗아간 셈입니다. 5년 치의 노동력만 아까운 것이 아닙니다. 그 돈을 밑거름으로 할 수 있었을 일을 생각하면……

살아가다 보면 여러 가지 연유로 다른 사람들에게 부당한 일을 당하는 경우가 있지요. 인간의 본성이란 예외적인 경우도 있지만, 대부분 자신의 이익을 앞세우는 경우가 많습니다. 상대방이야 어떻게 되든 말입니다. 이런 억울한 일을 겪으면서 우리는 인간의 본성을 알게 되고, 그 후로는 좀더 조심을 하게 되지요.

이런 사건들은 범인을 잡기가 거의 힘들 것입니다. 우리 사회는 특히 지능적인 사기가 많은 나라지요. '눈 감고 있으면 코를 베어갈 정도다' 라고 표현해도 과하지 않다고 봅니다.

결국 험한 세상에서 피해를 입지 않기 위해서는 스스로를 보호하는 방법 외엔 다른 대안이 없을 것입니다. 여러분 스스로를 잘 보호하시기 바랍니다. 어느 누구도 자신을 지켜줄 수 없으니까요.

"지금 우리가 직면하고 있는 대부분의 장벽은
물리적 장벽이 아니라 심리적 장벽이다."
— 존 코터

• • • •

　세계적인 변화전문가인 존 코터 하버드대학 교수의 명(名)문장입니다. 변화를 가로막는 것은 외부의 환경이나 조건이 아니라, 바로 우리 내면의 장애물 때문입니다. 어느 조직을 가더라도 변화를 시도할 때면 '돈이 없는데요, 인력이 없는데요, 예전에 이미 시도했는데요'라는 핑계와 불만이 쏟아져 나옵니다. 개인도 마찬가지지요.
　핑계를 찾으려고 하면 그곳에는 늘 핑계가 있습니다. 물론 타인의 동정도 있겠지요. 그러나 그런 값싼 것들에 자신을 내맡길 수는 없는 일입니다.
　마음의 문을 활짝 열고 고정관념에서 벗어나려는 의지를 가지고 사물이나 현상을 대한다면 누구든 변화와 혁신에 성공할 수 있습니다.

Life Skill 3

최고의 학교, 인생에서 배운다

젊은 날에는 시간이 생명이라는 진리를 깨우치기 쉽지 않지요. 인생의 좀더 이른 시기에 이 진리를 깨우칠 수 있다면 삶은 많이 달라질 것입니다. 기억하세요. 지금 흘러가는 이 순간도 우리의 소중한 생명이라는 것을 말입니다.

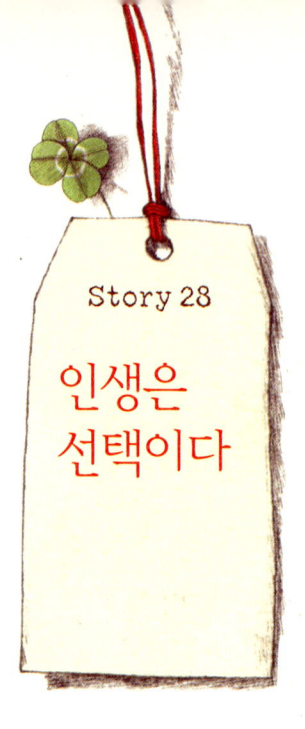

Story 28
인생은 선택이다

어제 저녁, 예전에 연구소에서 함께 지내던 분들과 즐거운 시간을 가졌습니다. 젊은 시절에 함께 치열하게 일했던 분들이지요. 모처럼의 만남으로 열띤 대화가 이어지던 중에, 40대를 전후해서 전직을 하지 않았다면 우리의 삶은 어떻게 달라졌을까 하는 이야기가 나왔습니다. 지금과는 완전히 다른 길을 걸어가고 있으리라는 말에 모두가 고개를 끄덕였습니다.

다들 현명한 선택으로 자신의 길을 제대로 개척했기에 모임은 넉넉하고 유쾌한 분위기로 이어졌습니다. 어제 모임을 통해서, 삶에서 우리가 알게 모르게 내리는 선택 하나 하나가 인생의 방향에 큰 영향을 미친다는 사실을 다시 한 번 깊이 마음에 새겼습니다.

미래란 항상 가능성으로 열려 있지만 동시에 불확실성으로 가득 차 있지요. 그런 미래를 대상으로 우리는 어떤 길을 선택하고, 그 선택에 따라 책임을 지며 살아갑니다. 모든 길을 가볼 수는 없지요. 일단 자신의 가치관에 따라 선택을 하고, 그에 따르는 책임을 지면 됩니다.

물론 어느 길을 가든 아쉬움과 후회는 남게 마련이죠. 하지만 그것은 선택에 따르는 비용 정도로 생각하면 될 것입니다. 아무리 아쉬움과 미련이 크게 남더라도 이를 떨치고 다시 자신이 선택한 길로 담담히 한 걸음을 떼는 사람, 그런 사람이 자신의 인생을 성공적으로 만들어갈 수 있는 사람이 아닐까 합니다.

생후 4개월 만에 미국에 입양되어 하버드대학 로스쿨을 졸업하고 뉴욕 주에서 변호사로 활동하고 있는 이남미 씨가 친모를 만나기까지의 과정을 취재한 기사를 본 적이 있습니다. 이남미 씨는 하버드대학에서 디튜어상과 존 하버드 장학금을 받고, 졸업식에서는 우등생에게 수여하는 마그나 쿰 라우데를 수상한 재원이더군요.

인터뷰를 읽으면서 한국인과 미국인 사이에서 정체성 문제로 고민하던 그가 자신의 인생을 어떻게 일으켜 세웠는가를 분석한 대목이 마음에 와 닿았습니다.

"늘 남보다 뛰어나고 싶었던 의지가 내 삶의 방향을 잡아줬다."

그는 스스로 뛰어난 사람이 되는 길을 선택했고, 그 선택이 자신의 어려운 처지를 극복하는 데 큰 역할을 했을 것입니다. 그 과정에서 숱한 어려움이나 그냥 현재에 머물고 싶은 유혹도 있었겠지만, 자신이 선택한 길 위에서 계속 전진했습니다.

우리는 하루하루 작은 선택, 중간 크기의 선택, 그리고 큰 선택을 합니다. 현재보다 나은 인물이 되고자 하는 선택이야말로 어떤 난관에서도 어려움을 극복할 수 있도록 돕는 힘이 아닐까요?

어떻게 살아갈 것인가는 결국 자신이 선택할 문제지만, 만약 제가 어떻게 살 것이냐는 질문을 받는다면 이렇게 말하고 싶습니다.

미래란 항상 가능성으로 열려 있지만
동시에 불확실성으로 가득 차 있지요.
그런 미래를 대상으로 우리는 어떤 길을 선택하고
그 선택에 따라 책임을 지며 살아갑니다.
모든 길을 가볼 수는 없지요.
일단 자신의 가치관에 따라 선택을 하고
그에 따르는 책임을 지면 됩니다.

"나의 인생에는 나만의 독특한 스토리를 담고 싶다. 그런 스토리에는 당연히 감동이 들어 있어야 한다. 눈물이 날 정도의 감동이……."

우리 모두는 오늘도 자신만의 스토리를 만들어가고 있지요. 어떤 스토리를 만들어갈 것인가는 결국 자신의 선택입니다.

가보지 않은 세월에 아쉬움을 느낄 수도 있고, 새로운 선택에 후회를 할 수도 있고, 자신의 선택에 안도의 한숨을 내쉴 수도 있을 것입니다. 지나치게 뒤를 돌아볼 필요는 없지만, 이따금 자신이 걸어온 길을 회상하며 어떤 것이 멋진 선택이었고 어떤 것이 미숙한 선택이었는지를 생각해 보는 일은 도움이 되리라 봅니다. 그러면 앞으로 더 현명한 선택을 할 수 있을 테니까요.

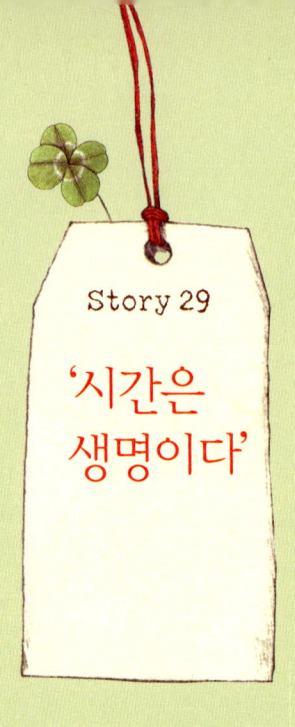

Story 29

'시간은
생명이다'

인터넷 검색창에 '공병호'라는 키워드를 넣으면 옆에 연관 검색어가 뜨는데, 그중에는 '공병우'라는 이름이 있습니다.

공병우 박사는 우리나라 최초의 안과의사이자 한글 타자기를 발명한, 정말 시대를 앞서간 분입니다. 지금도 광화문 근방을 지나다 보면 공병우 박사가 개원한 '공안과'가 눈에 들어옵니다.

한참 검색을 하다 보니 인터넷에 공병우 박사에 대한 동영상이 하나 올라 있더군요. 2006년에 있었던 '공병우 박사 탄생 100주년 기념식' 장면인데, 거기서 김한빛나리 한글학회 연구원은 이런 이야기를 합니다.

"다른 사람들은 시간을 돈이나 금에 비유합니다. 그런데 공병우 박사님은 '시간은 생명이다'라고 늘 말씀하셨습니다. 문명의 이기인 기계를 통해서 쉽고 빠르게 일하면 시간을 늘릴 수 있고, 그것이 곧 생명을 연장하는 길이기도 하다고 말씀하셨지요."

'시간은 생명이다.'

참 단순한 말이지만 새겨들어야 하는 말입니다.

어떤 사람이 시간을 어떻게 보내고 있는지를 가만히 들여다보면 그 사람이 추구하는 목표나 가치를 알 수 있습니다. 우리는 대체로 시간을 습관적으로 사용합니다만, **시간의 사용은 삶을 살아가는 방식의 문제이자 삶에서 추구하는 목표의 문제입니다.**

이따금 자신이 시간을 어떻게 사용하고 있는가를 찬찬히 살펴볼 필요가 있습니다. 그리고 제대로 시간을 사용하고 있는지, 더 잘 사용하기 위해 무엇을 어떻게 해야 하는지 등의 질문을 자주 자신에게 던져야 합니다.

그냥 허겁지겁 앞을 향해 달려가다 보면 훗날 후회하게 될 겁니다. '그때 그렇게 하는 게 아니었는데……'라고요. 또한 무언가에 많은 시간을 바친 것 같은데도 딱히 이룬 것이 없다거나 속이 그만큼 허할 수도 있습니다.

시간을 어떻게 사용해야 할까를 생각할 때 제가 염두에 두는 기준 하나는 바로 이런 것입니다. 지금은 정말 중요하게 보이는 일이지만 언제든 할 수 있는 일이 있고, 지금은 별로 중요하지 않고 해도 그만 안 해도 그만인 것처럼 보이는 일이 있습니다. 하지만 그런 일들 가운데 시간이 가면 다시는 할 수 없는 것들이 있습니다. 두 가지 일이 충돌한다면 당연히 후자의 것을 놓치지 않도록 합니다.

젊은 날에는 시간이 생명이라는 진리를 깨우치기 쉽지 않지요. 인생의 좀더 이른 시기에 이 진리를 깨우칠 수 있다면 삶은 많이 달라질 것입니다.

기억하세요. 지금 흘러가는 이 순간도 우리의 소중한 생명이라는 것을 말입니다.

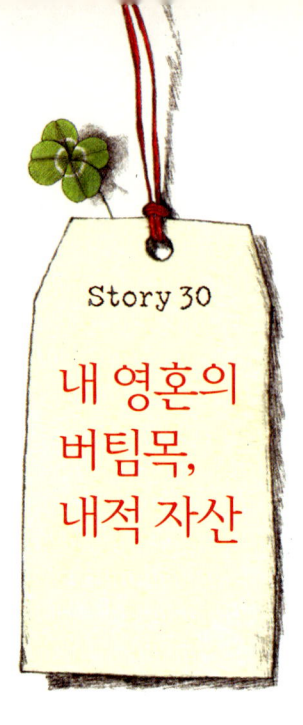

Story 30
내 영혼의 버팀목, 내적 자산

안녕하세요. 외출을 앞두고 시간이 딱 10분 남았습니다. 그래도 좀 시둘러 아침부터 꼭 쓰고 싶던 글을 마무리하고 나가려 합니다. 글이란 것도 일종의 욕망이기 때문에 가슴에 담아두기보다는 흘려보내는 것이 좋거든요.

어제 오전에 책을 읽다가 리아 루프트란 작가를 만났습니다. 브라질 출신의 작가인데, 그분의 책 『잃는 것과 얻는 것』에서 '내적 자산'이란 멋진 개념을 만났습니다.

살아가면서 성과로 드러나지 않는, 눈에 보이지 않는 자산이 있습니다. 그것은 개인마다 종류도 다르고 크기도 다르지요. 그런 자산은 역경을 만났을 때 돌파할 수 있게 하는 용기와 기백일 수도 있고, 일상의 치열함이나 성실함일 수도 있으며, 늘 유쾌함을 잃지 않는 자연스러움일 수도 있을 것입니다.

내적 자산은 세월을 두고 차곡차곡 쌓여서 한 인간의 삶에서 큰 역할을 하게 됩니다. 훌륭한 내적 자산을 쌓아둔 사람들은 그만큼 멋진 인생을 살아갈 가능성이 높겠지요. 작가의 이야기를 한번 들어보세요.

"'내적 자산'은 은행이 문을 닫고 나라가 파산한다고 해서 도산하는 것이 아닙니다. 아울러 사랑하는 사람이 죽었다고 해서 잃는 것도 아닙니다. 그것은 우리가 모든 것이 끝났다고 생각할 때, 기쁨이나 감동 등 그때까지 간직했던 그 모든 것을 더 이상 갖지 못할 거라고 생각할 때, 엄청난 활력과 힘으로 치솟아 오를 것입니다."

오늘 아침 신문에서는 「홍콩 빈민가의 소년 자동차 디자이너로 세계 최고에 오르다」라는 기사를 보았습니다. 1951년 홍콩의 한 빈민가에서 태어난 핑키 라이는 포르쉐의 수석 디자이너 자리에 올라섰습니다.

중학교를 졸업한 후 집안이 어려워 고교 진학도 포기한 채 조선소에서 일을 시작한 그는 '내적 자산'으로 자신을 세상에 우뚝 세우는 데 성공했다는군요.

현대적 디자인이 배어 있는 가구를 보면서 디자인 세계에 매료된 그는 세계 최고의 디자이너가 되기로 결심하고, 1972년 스물 한 살의 나이에 로마행 편도 항공권을 끊어서 새로운 세상으로 나아갑니다.

"디자인은 제게 일이 아닙니다. 취미이고 삶이고 모든 것이지요. 당신이 어떤 분야에 얼마나 열정을 쏟을 수 있는지 생각해 보세요. 월요일부터 하루 온종일 말이에요. 밥벌이라고 생각한다면 그렇게 할 수 있겠습니까?"(《조선일보》, 2006. 10. 23)

그의 인터뷰를 보면서 한 인간이 지닌 '내적 자산'을 생각해 보았습니다. 세상에 자신을 우뚝 일으켜 세우려는 강한 의지만큼 귀한 것도 드물겠지요. 인간은 스스로 포기할 때만 주저앉는 존재라는 사실을 다시 한 번 확인할 수 있었습니다.

겉으로 보이는 화려한 이력과 세상의 평가 이전에 자기 안에 옹골차게 들어 있는 이 내적 자산이야말로 힘든 세상에서 흔들리지 않고 꿈을 지키며, 나를 성장시켜 가는 가장 큰 동력일 것입니다.

여러분이 지닌 내적 자산은 무엇인가요? 오늘도 그 내적 자산을 가꾸어가는 하루 보내시길 바랍니다.

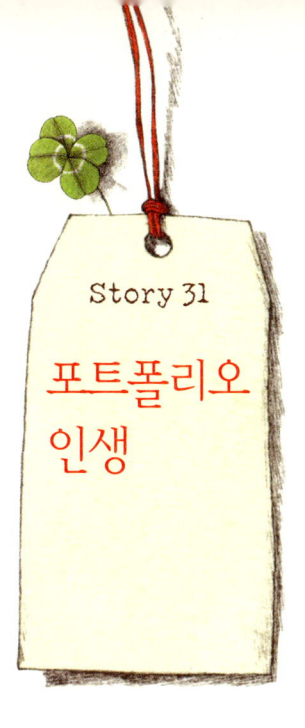

Story 31

포트폴리오 인생

저는 지금 중부고속도로를 따라 남쪽으로 내려가는 중입니다. 이렇게 다니다 보면 우리나라가 산이 많은 나라라는 사실을 새삼 확인합니다. 고속도로 인근은 거의 모두 산이군요. 토목기술자들에게 절로 경외감이 느껴집니다. 이런 곳에 거뜬하게 도로나 다리를 놓았으니까요.

저는 오늘 경북 고령군에서 강연이 있고, 이어서 부산의 한 대학에서 야간 경영대학원 강의가 잡혀 있습니다. 그리고 마지막 기차를 타고 서울로 올라올 예정입니다. 전국을 뛰어야 하는 바쁜 하루지요.

차창으로 스쳐 지나가는 가을 풍경을 보면서 잠시 현재의 제 삶을 돌아보았습니다. '이렇게도 살아가는구나······.' 지금은 많은 분들이 회사에서 지낼 시간이지요. 영국의 경영학자 찰스 핸디는 저와 같은 삶을 두고 '포트폴리오 인생'이라는 용어를 사용하더군요.

저는 참 자유롭게 살아갑니다. 그렇다고 해서 마음이 늘 편하지는 않습니다. 무언가를 계속 만들어내야 하고, 스스로를 책임지고 지켜야 하니까요. 그래서 저는 이렇게 이동하는 중에도 계속해서 무언가를 합니다. 강연 준비를 하고, 다음에 있을 강연 초안을 잡기도 하고, 다음 해에 낼 수 있는 책은 어떤 것이 있을까, 아이디어를 떠올려보기도 합니다.

자유로우면서도 늘 스스로의 삶에 책임을 져야 하는 삶. 저 같은 삶이 지금은 조금 생소할지 모르지만, 머지않아 보편적인 삶의 모습 가운데 하나가 되지 않을까요. 단순히 은퇴 전의 삶과 후의 삶이 아니라, 직장 생활, 포트폴리오 생활, 그리고 은퇴 생활로 나뉠 것입니다.

직장에 매여 있지 않기 때문에 자유롭게 생각하고, 자유롭게 쓰고, 자유롭게 무언가를 할 수 있습니다. 그러나 늘 자신을 입증해야 하는 절박감을 안고 살아가지요. 그래도 마음을 굳게 먹고 다부지게 자신의 생활을 잘 구획지으면 멋진 삶이 될 수 있을 겁니다.

지금 저는 하늘 한 번 쳐다보고, 산 한 번 쳐다보고, 컴퓨터 한 번 쳐다보면서 이 글을 쓰고 있습니다. 차창 밖으로 풍요로운 들녘이 펼쳐지고 있습니다. 저 멀리 야트막한 산들이 점점이 다가오네요.

여러분 모두 직장에서든, 어디서든, 충만한 시간 보내시길 바랍니다.

이상은 자유인 공병호였습니다.

자유로우면서도 늘 스스로의 삶에 책임을 져야 하는 삶.
저 같은 삶이 지금은 조금 생소할지 모르지만,
머지않아 보편적인 삶의 모습 가운데 하나가 되지 않을까요.

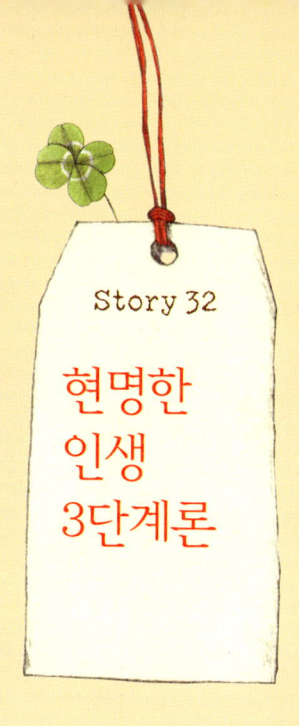

Story 32

현명한
인생
3단계론

누군가를 만나서 대화를 나누다 보면 항상 배울 것이 있습니다. 그래서 살아가는 날들은 생각하기에 따라서 즐거움과 성장의 기쁨으로 가득 찰 수 있습니다.

어제 아는 분들과 모임에서 대화를 나누던 중이었습니다. 참석하신 분들 중 한 분이 얼마 전 강연을 들었던 경험을 들려주었습니다.

"강연자가 나와서 '어떻게 사는 것이 멋진 삶이고 제대로 사는 삶인가?'라는 주제에 대해 이야기를 했습니다. 대개 사람들은 인생을 3단계로 나누어서 살아간다고 합니다. 아마도 여러분이나 저, 그리고 사회의 통념도 그럴 것입니다.

첫 단계는 죽어라고 공부하는 단계지요. 다른 모든 것을 포기하고 공부에 매진합니다. 둘째 단계는 죽어라고 모으는 단계지요. 직장생활을 하거나 사업을 하면서 더 나은 미래를 위해 준비, 준비, 또 준비를 하는 단계입니다. 세 번째 단계는 모은 것으로 소비를 하는 단계입니다. 여행도 다니고 멋진 시간을 갖는 단계지요.

그런데 그 강사는 이런 단계를 나누는 한 제대로 살아가기가 힘들다는 주장을 펴더군요. 살아가면서 가능한 한 세 단계가 동시에 일어날 수 있도록 노력해야 한다는 점을 강조했습니다. 그래야 제대로 살아가는 인생이 될 거라고 하더군요. 결국 비중의 문제인데, 한 분야에 상당한 시간을 투자하면서도 틈틈이 자신만의 시간을 만들어서 배우기도 하고, 소비하기도 해야 한다는 것입니다."

보통 사람이 하기에 쉬운 일은 아니지요. 너무 이상적이라고 생각할 수도 있습니다. 그러나 노력하기에 따라서 얼마든지 가능한 일이라고 생각합니다.

이 글을 읽는 분들도 형편에 따라 다른 의견을 가질 수 있을 것입니다. 학창시절에나 일을 할 때나 본업을 열심히 해야겠지요. 무엇보다도 본업에서 성과를 올리기 위해 혼신의 힘을 다해야 합니다. 그러나 중간중간에 작은 '쉼표'를 찍도록 노력해 보면 어떨까요. 좋아하는 일들, 하고 싶은 일들이 있다면 미루지 말고 분주한 생활 속에서 조금씩 시간을 떼어내서 즐기는 것입니다.

책을 쓰고 싶다면 책을 쓰기 위해 시간과 비용을 투자하고 사진을 찍고 싶다면 찍으세요. 해외여행을 가고 싶거나 국내의 멋진 장소를 방문하고 싶다면, 계획을 세워서 떠나세요. 음악회를 가고 싶거나 전람회를 구경하고 싶다면 그렇게 하십시오. 악기를 배우고 싶다면 당장 시작하세요.

첫째, 둘째, 셋째 단계를 동시에 모두 부지런히 해야 합니다. 물론 그렇게 하기 위해 우선 본업을 잘 해내야겠지요. 그래야 다른 부분을 위한 에너지와 시간, 비용을 확보할 수 있을 테니까요.

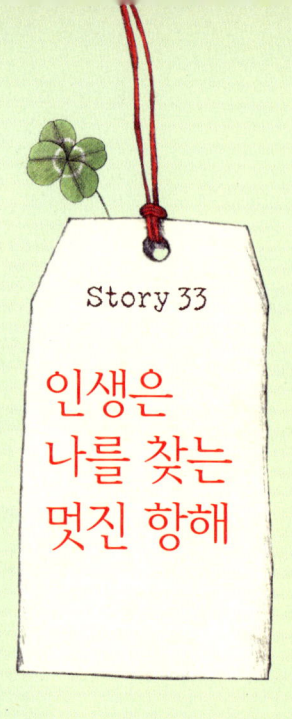

Story 33

인생은
나를 찾는
멋진 항해

나이를 한 살 두 살 더 먹어가면서 '삶이란 계속해서 자신을 알아가는 과정이다'란 생각이 들 때가 많습니다.

중년이 된다고 해서 한 자리에 머무는 것이 아니라, 자신이 무엇을 좋아하는지, 자신이 무엇을 잘하는지, 자신이 진정으로 행복한 순간은 언제인지, 자신이 갖고 있는 욕망의 실체는 무엇인지…… 이런 것들을 끊임없이 확인해 가는 과정이 삶이란 생각을 하게 됩니다.

젊었을 때는 50세나 60세 정도 되면 더 이상 '방황'이 아닌 '머무름'의 단계에 도달할 거라 생각했습니다. 하지만 꼭 그렇지만은 않더군요. 시기에 따라 생각해야 할 문제들이 끊임없이 생기기 때문입니다.

하지만 계절이 바뀌듯이 자연스럽게 자신에 대한 이해의 깊이가 세월과 함께 점점 깊어지는 것은 사실입니다. 책을 읽으면서, 혼자 있는 동안에, 사물이나 자연을 바라보면서, 사람들과 대화를 하는 중에…… 늘 자신이란 존재를 깊이 들여다보는 순간을 경험하게 되지요.

영국의 경영학자 찰스 핸디는 저서에서 70대 중반의 나이에 바라본 삶에 대해 이렇게 말했습니다.

"지금 생각해 보면 삶이란 자신의 정체성을 찾아가는 과정에 다름 아니라는 생각이 든다. 자신이 진정 어떤 사람인지, 어떤 일에 재능이 있는지를 끝내 모른 채 죽는다면 참으로 서글픈 일이다. 삶이란 정체성이라는 사다리를 오르는 과정이고, 우리는 사다리를 오르면서 서서히 자신의 정체성을 증명하고 발견해 간다."(『포트폴리오 인생』, 27쪽)

삶의 진수를 제대로 지적한 말이지요.

그래서 저는 앞으로도 제 정체성을 찾아내는 새로운 노력을 할 생각입니다. 미국 개척시대의 카우보이처럼 말을 타고 달려가다 보면 금맥도 만나고, 은맥도 만나고, 동맥도 만나게 되겠지요.

처음부터 결정되어 있는 것은 없습니다. 찾아가고 만들어가는 것이지요. 그래서 인생이든 사업이든 항상 순례자나 항해자의 태도로 살아가는 것이 바람직합니다.

자신의 정체성을 찾기 위해 오늘 여러분은 어떤 노력을 기울이고 계십니까?

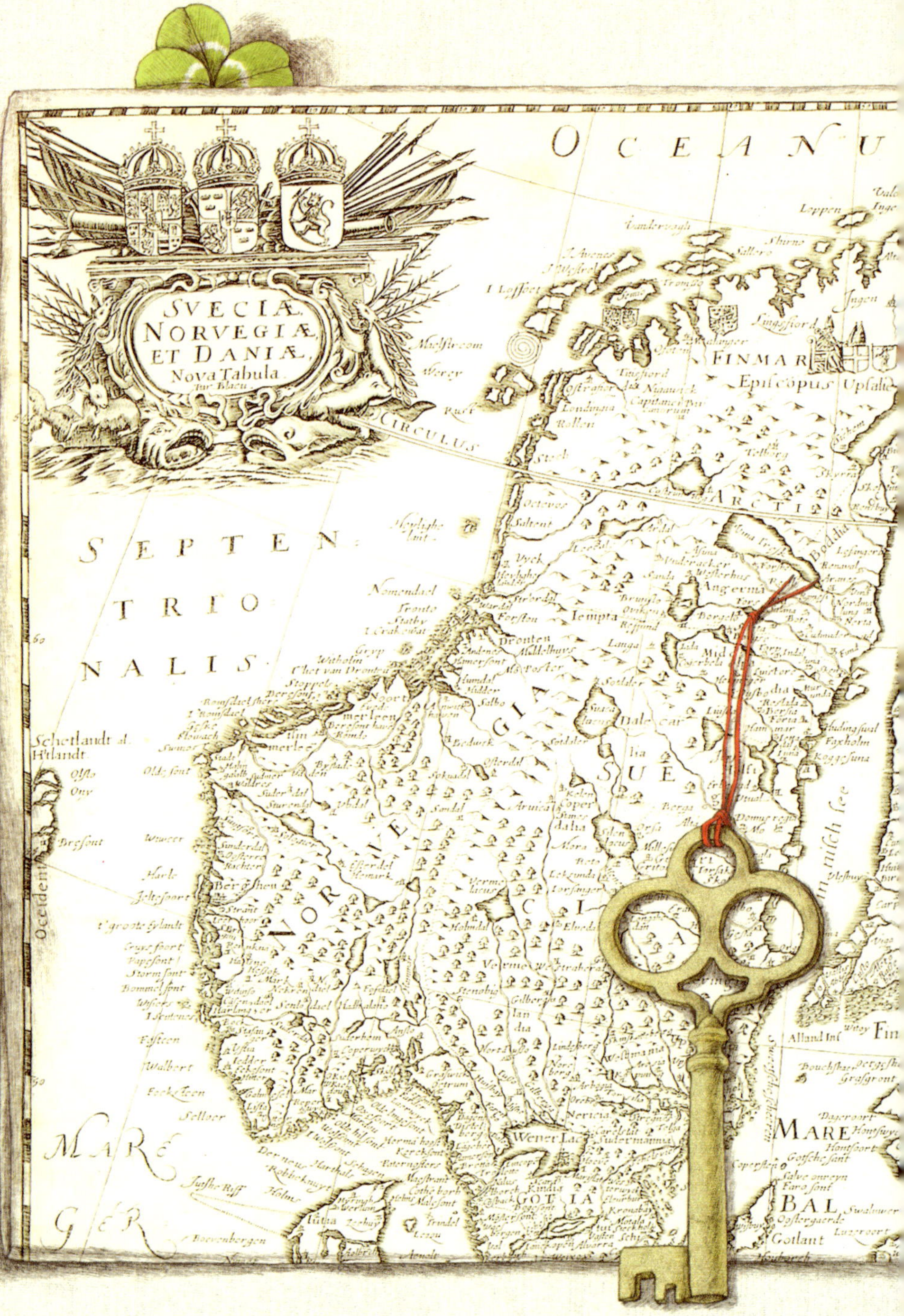

SVECIÆ NORVEGIÆ ET DANIÆ Nova Tabula
OCEANU
SEPTEN TRIO NALIS
FINMAR
Episcopus Upsalie
NORVE GIA
SUE
MARE GER
MARE BAL

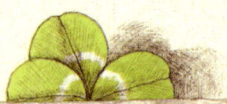

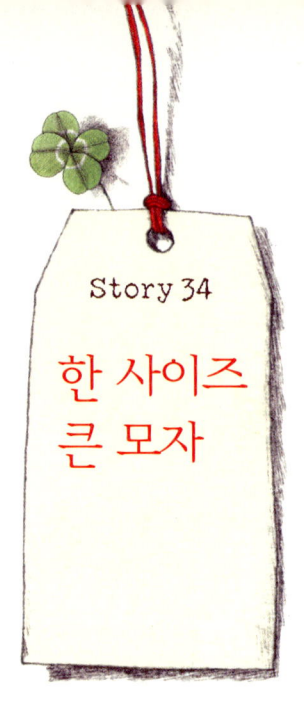

Story 34

한 사이즈 큰 모자

올해 나이 49세. 1982년 연세대 기계공학과 졸업. 미국 캘리포니아주립대 유학, 석사학위 취득. 버지니아공대에서 박사학위 취득. 미국항공우주국(NASA)에 입사. 19년 만에 NASA 항공연구 부문 총책임자로 1만 8천 여 명의 인력 가운데 '넘버 3'이 됨.

올해 3월 NASA에서 동양인으로는 최초로 차관급인 국장보에 발탁된 신재원 박사의 이야기입니다. 오래 전부터 관심을 갖고 지켜보았던 인물이라 그에 대한 기사를 꼼꼼하게 읽었습니다.

우선 저와 연배가 비슷하고, 유학을 간 시점도 비슷하고, 그리고 일하는 장소도 제가 공부했던 휴스턴으로부터 얼마 떨어지지 않은 곳이지요.

19년을 한 직장에서 차근차근 올라가기 쉽지가 않은데 정말 대단하더군요. 인터뷰에서 그의 이야기가 무척 인상적이었습니다.

"과학과 공학은 비행기 사고를 막는 것처럼 수많은 인명을 구하는 보람 있는 일입니다. 학생들에게 성공이란 게 꼭 돈을 많이 버는 것만이 아니며, 열심히 하면 동양인이라도 영향력이 큰 자리에 갈 수 있다는 것을 보여주고 싶습니다. ……교민 2, 3세와 한국의 학생들에게 롤 모델이 되는 게 목표입니다." 《조선일보》, 2008. 8. 13)

돈을 좇으면 돈을 벌 수가 없지요. 명성을 좇으면 명성을 얻기 힘듭니다. 대신 자신이 하고 있는 분야에 전부를 걸고 매진하다 보면 돈도 벌고 명예도 얻는 경우가 자주 생기게 되지요.

언젠가 어떤 분이 신재원 박사에게 '어떻게 그렇게 빠르게 승진할 수 있었는가요?'라는 질문을 던진 적이 있었습니다. 신 박사는 자신이 출세하게 된 배경에 대해서 이런 멋진 답을 합니다.

'One size bigger hat(한 치수 큰 모자)을 썼기 때문이다'라고 말입니다. 참 의미 깊은 대답이지요. 자신이 하고 있는 일을 열심히 하는 것에 그치지 않고 '내가 윗사람이라면, 내가 아랫사람이라면…… 즉 타인의 입장에서 그리고 조직의 관점에서 생각하고 행동해 왔다'는 말입니다.

이렇게 하기 위해서는 최소한을 넘어서 자신의 여력이 허용하는 한 최대한을 하게 됩니다. 그렇게 하다 보면 더 많은 경험을 하게 되고, 더 많이 배우게 되고, 더 많은 우군을 만들게 되고, 그리고 더 많은 기회가 주어지게 됩니다.

삶은 이런 사람에게 언젠가 세상 기준으로 '대박'이라 불릴 수도 있는 행운을 가져다주게 되지요. 사람들은 '저 사람 정말 운이 좋은 사람이다'라고 평하겠지만, 그 이면에는 반드시 그 사람만의 독창적인 성공 공식이 존재합니다. 'One size bigger hat'.

긴 인생살이에서 이런 원칙은 정말 변함이 없다고 생각합니다. 멋진 인생 이야기입니다.

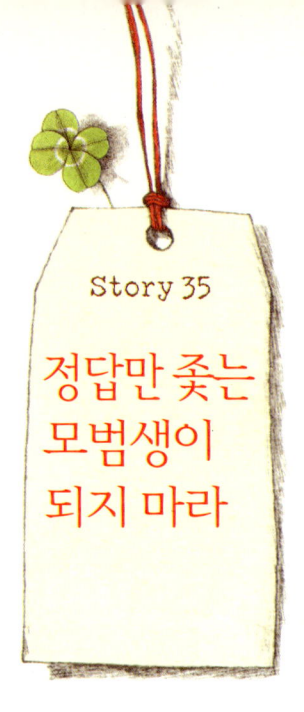

Story 35

정답만 좇는 모범생이 되지 마라

모처럼 울산에서 강연이 있어 내려가는 길에 《중앙일보》를 펼쳤더니 2001년 노벨화학상을 수상한 일본의 노요리 료지 박사의 인터뷰가 실려 있더군요.

"세계적인 과학자가 되려면 훌륭한 문제를 설정하고, 거기에 대한 해답을 찾으려는 능력을 키워야 해요. 요즘 학생들은 선생님이 주는 문제나 풀려고 하거든요."

이 이야기는 인터뷰를 한 기자분이 던진 '과학자의 길을 가려는 청소년이 가져야 할 자세는 무엇인가' 하는 질문에 대한 답을 요약한 내용입니다.

"과학 연구는 단순하게 문제와 해답으로 이뤄져 있다. 가장 중요한 것은 좋은 문제를 만드는 것으로, 이는 좋은 해답을 찾는 것보다 훨씬 어렵다. 학생들은 교사가 주는 문제에 익숙해 있다. 그러나 내가 존경하는 과학자들은 스스로 장대한 문제를 만들고 스스로 깊이 생각해 해답을 찾아냈다. 그런 것들이 과학의 비약적 진보를 가져왔다. 과학자들은 소수파인 것을 자랑스럽게 생각해야 한다. 독창이라는 것은 혼자서 창조한다는 의미이기 때문에 처음에는 당연히 소수일 수밖에 없다."(《중앙일보》, 2008. 7. 4)

 인터뷰를 읽으면서 이 말이 꼭 과학에만 해당하는 진리가 아니라 모든 삶의 문제에 적용된다는 생각이 들었습니다. 어떤 직업인이든, 특히 개인 기업이나 자영업 그리고 예술가들은 문제를 찾아내는 능력이 없다면 결코 성공할 수 없습니다. 먼저 자신만의 문제를 설정하는 것이야말

로 모든 성취의 첫걸음입니다.

저는 이를 두고 '문제 설정 능력' 또는 '기회를 포착하는 능력'이라는 표현을 쓰기도 합니다. 작가로서 혹은 강연자로서 무엇을 다룰 것인가? 이런 발견은 정확하게 문제 설정 능력이 없다면 불가능합니다. 사업가가 무슨 아이템을 내놓을 것인가 고민하거나, 예술가가 자신만의 예술적 화두를 잡는 것, 직장인으로서 자신의 주특기를 어떤 것으로 삼아야 하는지를 결정하는 것 모두 문제 설정 능력에 속하는 것이지요.

학창시절의 모범생들이라고 해서 모두 이후의 삶에서 큰 성공을 거두는 것이 아닌 이유는 스스로 문제를 정의하고 찾는 능력이 부족하기 때문일 가능성이 큽니다. **문제 설정 능력은 '독창'이란 표현에서처럼 정답만 좇는 게 아니라 자기 스스로 탐구하고 끊임없이 부딪쳐보는 가운데 얻어지는 것이니까요.** 바로 남들이 사는 대로 무작정 따라가는 대신, 남들이 좋은 것이라 말해서 선택하는 대신, 정말 자신이 원하고 절실히 필요한 것을 찾아가는 능력입니다.

긴 항해지요. 하지만 그만큼 의미있고 멋진 일입니다. 지금 흰 백지 한 장이 있다면, 나의 주특기는 무엇인지 적어보며 자신만의 문제 설정에 도전해 보시기 바랍니다.

Story 36

Nobody is Coming!

누구에게나 무척 의미 있는 날이 있습니다. 생일이나 결혼기념일 같은 일상적인 기념일들 말고도 한 사람의 역사에 중요한 터닝 포인트가 된 날들이 그렇겠지요.

오늘은 제게 정말 의미 깊은 날입니다. 바로 지금으로부터 7년 전 10월 1일에 공병호경영연구소가 출범했습니다. 집의 큰 방에 팩스, 노트북, 프린터를 마련한 다음 조촐하게 일을 시작했죠.

지금도 제 책상에는 처음 혼자서 일을 시작하던 때 사용했던 누렇게 빛바랜 탁상 다이어리가 보관되어 있습니다. 초심을 잃지 않기 위해서, 그리고 아이들에게 아버지가 어떻게 다시 일어섰는가를 보여주기 위해서 항상 볼 수 있는 자리에 그 다이어리를 두었습니다.

점심을 먹고 오랜만에 당시의 깨알 같은 기록들을 찬찬히 읽어보았습니다. 13년의 조직생활을 정리한 뒤, 미국에 아이들과 함께 3주간 머문 다음 원래는 6개월 정도 일본에 머물 계획이었습니다. 그러나 일본 체류 계획을 전격 취소한 후 제 일을 시작했고, 그날이 바로 10월 1일입니다. 삶에는 결정적인 시기가 있고, 직관적으로 그 시기를 놓치지 말아야 한다는 판단이 섰던 것 같습니다.

홀로서기를 시작한 후 제 이름을 걸고 처음으로 진행했던 강연은 전남 무안군 강연이었습니다. 그날이 2001년 10월 11일이었네요. 그리고 이어서 현대자동차 강연이 다섯 차례나 있었고요.

세상살이가 모두 그렇듯, 현직에 있을 때와 현직에서 내려왔을 때는 많은 차이가 납니다. 당시의 상황을 잘 표현한 문장이 달력 위에 적힌 'Nobody is Coming'이라는 말입니다. 누구도 먼저 내게 다가와서 도움을 주거나 일을 주지 않을 거라는 말이죠. 그러니 스스로 일어서서 일을 찾아야 하고 남들이 저를 찾게 만들어야 한다는 것입니다.

그래서 저는 사람들을 만날 때마다 지금의 자리가 언제까지나 계속되리라 생각하지 말고 자신만의 주특기를 꼭 만들어두라고 당부하곤 합니다. 절박한 상황에 처해본 사람들은 자리라는 것이 얼마나 덧없는가를 뼈저리게 느낄 수 있지요. 스스로 가진 것이 없으면 남들로부터 좋은 대접을 받을 수가 없습니다.

앞일을 조금도 예측할 수 없고, 누구의 도움도 받을 수 없고, 받기를 원하지도 않던 상황에서 출발해 오늘까지 왔습니다. 그래서 저는 창업을 해서 어느 정도 기반을 닦은 사람이나 자신의 일에서 어느 정도의 궤도에 오른 사람들을 정말 남다르게 봅니다.

남들이 만들어놓은 자리에 올라가는 것도 어렵지만, 이 힘한 세상살이에서 자신이 온전히 설 수 있는 바탕을 스스로 만들어내는 것은 더 어려운 일이니까요. 그런 사람들에게는 저마다 한 권의 책을 쓸 수 있을 만큼 길고긴 사연이 있을 것입니다.

지난 7년간, 앞을 향해 정말 열심히 달려왔습니다. 다른 사람이 만들어준 자리에 연연하지 않고 나의 두뇌와 가슴으로 내 자리를 당당하게 만들어냈다는 사실이 정말 뿌듯합니다.

물론 삶이란 여전히 힘들고, 여전히 외발자전거를 타듯 위태롭지만, 누구와 일을 할지, 언제 일을 할지, 어디서 일할지, 언제 쉴 수 있을지 등을 스스로 결정할 수 있는 위치에 오게 된 것에 늘 감사하고 있습니다. 무엇보다 멋진 일은 내가 무엇을 잘하는지, 무엇을 할 때 진짜 좋아하는지를 정확하게 찾아냈다는 점입니다.

자유롭게 살아가기를 원하거나 인생에서 성공을 원하는 사람이라면 '용기'라는 덕목을 갖추는 것이 대단히 중요합니다. 불확실함, 모호함, 위험. 이런 것을 헤쳐가지 않고서는 결코 귀중한 것을 얻을 수 없을 테니까요.

한치 앞을 알 수 없는, 풍랑이 몰아치는 바다가 위대한 뱃사공을 만들듯이, 세상이란 넓고 거친 바다에 용기있게 나아갈 때 누구나 위대함의 씨앗을 싹틔울 수 있을 것입니다.

2001년 10월 달력을 보면서 한 자 적어보았습니다.

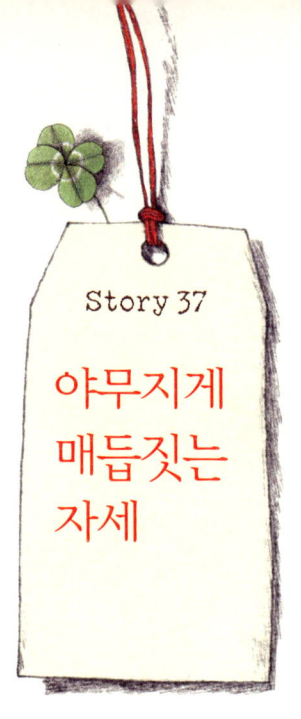

Story 37
야무지게 매듭짓는 자세

비 오는 토요일입니다. 모두들 어디서 무엇을 하고 계신지요. 오늘은 요즘 세상 돌아가는 모습을 보면서 느낀 점 한 가지에 대해 이야기하려고 합니다.

선진국은 개인의 가치나 개인의 삶에 큰 비중을 두지요. 대통령이 클린턴이 되든 부시가 되든 일반인들의 삶에는 큰 변화가 없습니다. 그리고 직업이란 면에서도 우열이나 상하라는 개념이 별로 없지요.

요즘 우리 사회에도 많은 변화가 있습니다만, 아직도 직업에 대해서는 은연중에 귀천이나 상하를 생각하는 경우가 많습니다. 대학 교수들이 자신의 직업을 바탕으로 정치권에 줄을 대려고 애쓰거나, 공직이 주어지면 만사를 제쳐두고 뛰어 나가는 것을 볼 때마다 아직 우리에게는 관에 우위를 두는 의식이 남아 있음을 느낍니다.

70년대와 80년대 초반에 걸쳐서 대학을 다닌 저 역시 전통적인 생각이 강한 시골에서 태어났기 때문인지 젊었을 때는 관직이나 공직에 큰 가치를 두었던 것 같습니다. 당시 사회의 분위기가 그랬으니까요. 그러나 지난 10여 년간 여러 가지 경험을 하면서 생각이 바뀌었습니다.

사람은 남들이 뭐라 하든 간에 자신이 좋아하는 일, 자신이 행복하게 느끼는 일, 자신이 가치를 두는 일을 하고 살아야 합니다. 이처럼 세평에 휘둘리지 않고 자신의 삶을 이끌고 가려면 특히 한 순간 한 순간 야무지게 매듭을 짓는 자세가 필요합니다.

자식들에게 좋은 교육을 제공할 수 있는 시기라면 만사를 제쳐두고 그 일에 몰두해야 하고, 자신이 생업을 넘어서 공익을 위해 무언가를 해야 하면 매듭을 확실히 짓고 해볼 만하다고 생각합니다.

뚜렷한 자신의 주관 없이 세파에 휘둘리며 살아가는 인생도 그 나름대로 의미가 있고 성과가 있을지 모릅니다. 하지만 어떤 경우든 생각 없이 살아선 곤란합니다. 하나하나 매듭을 확실히 짓고 그 다음 단계로 나아가는 것이 올바른 인생이 아닌가 합니다.

세상의 미혹에 흔들리지 않고, 본질과 유행을 꿰뚫을 수 있는 지혜와 안목을 갖고 있다면 큰 실수를 하지 않겠지요. 어떤 삶이 좋은 삶이고 멋있는 삶인가 하는 것은 철저히 주관적인 판단의 문제입니다. 다만 **저는 '야무지게 마무리하는 삶' 혹은 '야무지게 매듭지으면서 살아가는 삶'에 최고의 가치를 두고 싶습니다.**

어쩌면 그런 가치 때문에 주말에도 이렇게 자신의 업에 시간을 투입하면서도 불만이 없는 건지 모르겠습니다. 어떤 삶을 선택하든 불편함이란 있게 마련이니까요.

저는 비 오는 날을 좋아합니다. 차분해지기 때문이지요. 비 오는 토요일 오후, 즐거운 시간 가지시길 바랍니다. 세상은 즐거운 마음으로 대하면 정말 즐거워지거든요.

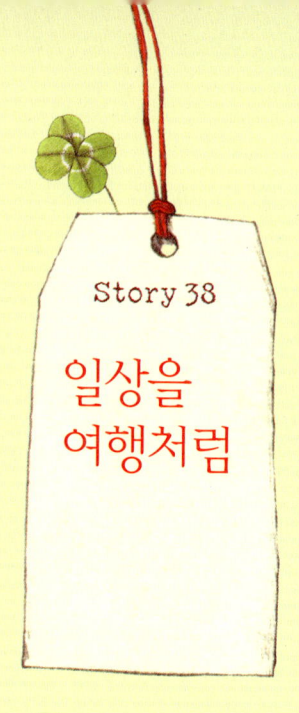

Story 38

일상을
여행처럼

　　　　　　　　모처럼 일주일 정도 여행을 다
　　　　　　　　녀왔습니다. 아직도 여행에서의
　　　　　　　　흥분과 함께 약간의 여독이 남
　　　　　　　　아 있습니다. 떠날 때는 나도 모
르게 들뜨고 설레지만 다시 현실로 돌아왔을 때는 미처 '도착하지 않
은' 마음을 잘 추스르고 일상의 리듬을 되찾는 것이 중요합니다.

　저는 여행길에서 돌아오면 우선 여행용가방 속의 물건과 책들을 모두 제자리에 갖다놓습니다. 그 다음에는 카메라에 담긴 사진들을 컴퓨터에 옮기는 작업을 하고, 밀린 신문들을 대충 훑어본 뒤 내일 해야 할 일들을 정리한 다음 씻고 잠자리에 듭니다.

　사물, 멋진 자연 풍광, 지인들과의 만남과 대화, 즐거운 시간, 그리고 추억, 새로운 경험…… 이번 여행도 소중하고 신선한 것들로 머리와 가슴을 가득 채워서 돌아왔습니다.

　막 대학 신입생이 된 아들을 만나서 학교생활과 자신의 인생에 대한 이야기를 듣기도 했고, 20년 세월을 뛰어 넘어 함께한 친구 부부와 사는 이야기를 나누는 것 또한 즐거운 경험이었습니다.

사실 이번 여행은 그 친구의 메일에서 시작되었습니다. 친구는 'Hey, guys…?'로 시작하는 메일을 보내 25년 전 학교를 함께 다녔던 동문들의 안부를 물었습니다. 이번 여행의 중요한 목적은 바로 친구와 아이를 만나는 일이었습니다.

삶이란 것 자체가 사실 끝없는 여행입니다. 만약 일상을 여행으로 받아들일 수 있다면 삶은 늘 변화로 가득 찬 곳이 되지 않을까요? 그저 답답하고 벗어나고 싶은 무엇이 아니라요.

롤프 포츠의 『여행의 기술』에 이런 내용이 나옵니다.

"평소의 삶으로 돌아와 일자리를 구해서 기계적인 삶을 다시 시작하는 것도 새로운 도전거리라 생각하라. 일자리를 구해서 성실하게 일하라. 단순한 삶을 그대로 유지하며 자유의 시간에 대비하라. 여행 중에 만난 사람들이 집에서는 어떻게 살았다고 말했는지 기억하라. 그들에게서 배웠던 것들, 예컨대 친절, 유머 감각, 공손한 태도, 성실함 등을 기억해 내고…… 참신한 생각들과 느긋한 태도를 그대로 유지하고, 일상의 삶을 여유롭게 꾸려가라. 여행 중에 억제했던 것들, 즉 두려움, 이기심, 허영심, 편견, 시기심 등이 일상의 삶에 다시 기어들지 못하게 하라. 당신이 살고 있는 곳이 외국 땅인 것처럼 이곳저곳을 탐색해 보라. 당신 이웃에게도 먼 나라의 부족인 것처럼 관심을 가져보라. 지금 이 순간에 충실하고, 끊임없이 배워라. 창조적으로 생각하고 행동하며, 모험을 피하지 말라. 항상 자유롭게 생각하고 행동하며 한계를 두지 마라. 단순한 삶을 유지하면서 영혼을 살찌워라." (『여행의 기술』, 236쪽)

이처럼 여행자의 호기심과 긴장감, 그리고 단순함으로 일상을 만날 수 있다면 꼭 해외를 나가지 않더라도 낯선 곳을 헤매지 않더라도 하루

하루를 새롭게 창조해 나갈 수 있습니다.

여행 중에는 자주 길을 잃게 됩니다. 엉뚱한 길을 헤맬 때가 적지 않지요. 그럴 때마다 상황을 통제하겠다는 생각을 잠시 접어두고 그 혼란과 방황의 시간을 실험하는 시간, 탐색하는 시간, 모색하는 시간으로 받아들이세요. 그러면 여행길의 모든 순간은 흥미로움과 경이로움으로 다가올 것입니다.

삶도 마찬가지입니다. 살면서 마주치는 어려움을 난관이 아니라 실험 과정으로 받아들이세요. 그러면 삶이 한층 더 흥미로워지겠지요.

씩씩하게 오늘 하루를 여행하는 여러분에게 행운이 함께하길 빕니다.

삶이란 것 자체가 사실 끝없는 여행입니다.
만약 일상을 여행으로 받아들일 수 있다면
삶은 늘 변화로 가득 찬 곳이 되지 않을까요?
그저 답답하고 벗어나고 싶은 무엇이 아니라요.

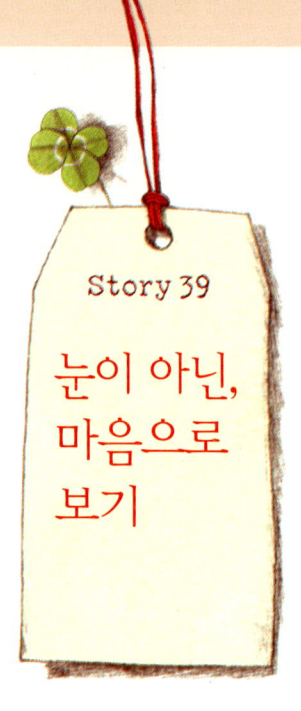

Story 39
눈이 아닌, 마음으로 보기

며칠 전, 한 사장님과 흥미로운 대화를 나누었습니다.

그분은 밑으로 여동생이 여러 명 있습니다. 그런데 그분이 동생을 아끼는 오빠로서, 그리고 인생 선배로서 항상 여동생들에게 부탁하고 권하는 내용이 하나 있다고 합니다. 바로 눈에 보이는 것에 연연해 하지 말라는 것인데요. 눈에 보이는 것보다는 눈에 보이지 않는 것을 볼 수 있어야 평생을 멋지게 살 수 있다는 이야기지요.

특히 인륜지대사인 결혼을 위해 배우자를 고를 때 꼭 이 점을 명심해 주었으면 한다고 하시더군요.

"젊은 사람들은 배우자를 선택할 때 가진 것에 너무 큰 비중을 둡니다. 물론 많은 것을 지니고 결혼생활을 시작하면 편하겠지요. 문제는 우리가 생각하는 것보다 함께 살아가는 세월은 길다는 것입니다. 그래서 여동생들에게는 사람을 만나면 지금 갖고 있는 것보다는 이 사람이 비전이 있는가 하는 부분을 잘 봐야 한다고 말해 줍니다. 주변에서는 객관적인 조건을 보고 사람을 소개해 주겠지만, 결국 당사자가 만나보면

'아, 이 사람은 꿈이 있구나' 하는 느낌을 받을 수 있어야 한다는 말이지요. 이렇게 경제적 조건이나 외모에 현혹되어선 안 된다는 이야기를 자주 들려줍니다만, 다들 알아서 잘들 하고 있는지는 모르겠습니다."

실제로 살아가다 보면 눈에 보이지 않는 것이 더 큰 가치를 지니고 있을 때가 많습니다. 배우자를 선택하는 경우에도 그렇고, 함께 일하는 직원을 구할 때도 마찬가지죠. 눈에 보이지는 않는 것의 가치를 알아차릴 때 비로소 더욱 바른 선택을 하고 현명한 삶을 살 수 있을 것입니다.

지금 비록 모아놓은 재산이 적고 소위 말하는 번듯한 조건을 갖추지 못했더라도 그 사람 속에 단단한 심지와 목표, 꿈이 있다면, 더 나은 내일을 만들기 위한 용기와 책임감이 있다면, 그 사람은 결코 부족한 사람이 아닐 겁니다.

반론을 제기하는 사람들도 있겠지만, 물질이란 살아가면서 모을 수도 있습니다. 그리고 그렇게 자기 힘으로 하나하나 만들어가면서 느끼는 자긍심이나 행복감은 무엇과도 비교할 수 없을 만큼 큽니다. 물론 힘은 들겠지요. 그러나 행복은 바로 그렇게 열심히 살아가는 과정에서 오는 게 아닐까요.

짧은 담소였지만 '눈에 보이지 않는 것을 볼 수 있는 지혜'를 되새겨보는 좋은 시간이었습니다. 혹 내 주위에 있는 누군가를 그저 그 사람의 '보이는 부분'만으로 쉽게 판단하고 있지는 않은지 한번쯤 되돌아보는 것도 좋겠지요.

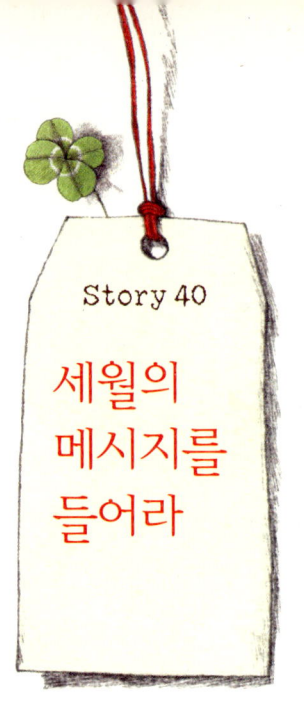

Story 40
세월의 메시지를 들어라

밖에는 함박눈이 내리고 있습니다. 오늘의 원래 계획은 집필 중인 책을 계속해서 쓰는 것이 었는데, 어제 약간의 술을 마신 탓인지 컨디션이 좋지 않네요. 이런 날은 내 몸이 나이가 들어간다는 것을 새삼 느낍니다.

누구나 항상 젊음을 유지할 수는 없지요. 나이를 먹어가는 일은 누구도 피할 수 없는 일입니다. 한참 젊음을 뽐내는 사람들을 보면, 그 젊음이 오래오래 계속될 것 같아 보입니다. 그러나 젊음을 인식하는 순간 이미 그 젊음은 절정을 지나서 내려가는 경우가 많지요.

영국의 경영학자 찰스 핸디가 오랜만에 신간을 냈습니다. 『포트폴리오 인생』이라는 제목의 이 책은 그의 예전 책들과는 사뭇 분위기가 다릅니다.

마지막 장에서 그는 이탈리아 토스카나의 집에서 잠이 깨면서 '내가 일흔 살이 되었구나……' 하는 사실을 자각합니다. 언젠가 빌 클린턴 대통령이 육십이 되던 날의 놀라움을 유머러스하게 묘사한 기사를 본

적이 있습니다만, 칠십이 되면…… 어떨까요?

　일흔을 맞은 찰스 핸디는 이런 이야기를 들려줍니다.

　"죽음이라는 것은 이제는 나의 앞길에서 중요한 실체가 되었다. 죽음은 마침내 우리 세대의 삶에 파고들었다. 부모님, 이모, 고모, 이모부, 고모부들의 죽음은 당혹스러웠지만 한편으로는 때가 되어 그리 되었으려니 하는 마음도 있었다. 동년배들이 죽기 시작하면 아침에 일어나서 신문의 부고란을 보는 마음가짐이 달라진다. 이름을 보면 제일 먼저 그 사람이 몇 살인가를 생각하게 된다. 우리 부부는 요사이 전에 없이 많은 장례식과 추도식에 참석하고 있다. 항상 슬프지만 주변을 둘러보며 이런저런 생각을 하다 보면 편안함과 기쁨이 느껴지기도 한다. …… 동시에 내 장례식도 멀지 않았다는 사실을 새삼 실감하며 자리를 뜨곤 한다. 신변을 정리해야 할 시점이야, 생각하면서. 그러고 나면 잠시 밝아졌던 마음이 다시 어두워진다."(『포트폴리오 인생』, 342~343쪽)

　일흔이 되어 삶만큼이나 죽음을 가까이서 바라보게 된 노학자의 마음을 통해 삶과 죽음에 대해 다시 한 번 생각해 보게 됩니다.

　저도 얼마 전에 아이에게 이런 이야기를 한 적이 있습니다.

"확실한 건 아니지만, 아버지는 이 다음에 죽고 나면 무덤을 남기지 않을 생각이다. 너희들 정도야 아버지를 기억하겠지만 손주들 세대가 되면 기억하기가 쉽지 않을 것 같다. 그리고 그때는 전 세계에 흩어져서들 살지 않겠니. 그래서 무덤을 남기지 않는 것이 후인들에게 부담을 주지 않는 일이라고 생각한다. 최근에 피터 드러커라는 분의 생에 대한 글을 읽었는데 그분도 무덤을 남기지 않으셨더구나. 한국에서는 공병우 박사님, 중국에서는 등소평 등과 같은 인물도 깨끗하게 자신의 생을 정리하고 떠났다. 남길 수 있다면 너희들의 기억 속에 남는 것 정도로 충분하지 않겠니?"

비관론자나 염세주의자가 될 필요는 없겠지요. 치열하게 추구하고 열심히 살아가는 일은 정말 중요하고 필요한 일입니다. 하지만 찰스 핸디의 지적처럼 "여든의 나이에 과거를 돌아볼 수 있다면, 지금 시간과 정력을 쏟는 많은 것들이 장기적인 안목에서 보면 보잘것없다는 것을 깨닫게 되리라. ……무슨 일을 했느냐보다는 어떤 사람이었느냐가 중요할 것이다"라는 말도 마음에 새길 만합니다.

나이가 자꾸 드는 모양입니다. 나이 든 작가의 글에 동감하면서 이런 글을 쓰게 되니 말입니다.

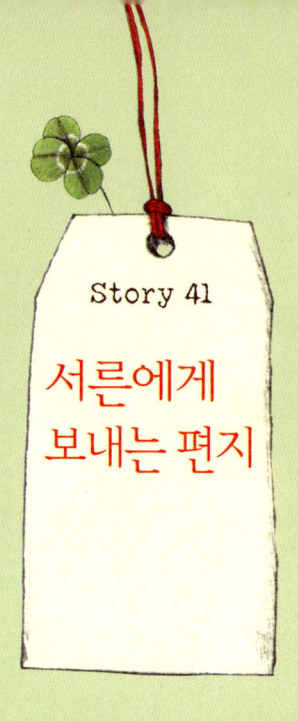

Story 41

서른에게 보내는 편지

요즘 '서른 살'이 한창 유행입니다. 책 제목에서도 심심치 않게 발견할 수 있을 만큼 마케팅의 매력적인 타깃이 되어가면서, 30대를 겨냥한 상품들과 메시지들이 쏟아지고 있습니다.

20대가 무한한 기회 속에서도 미숙하고 혼란스러운 시기라면, 30대는 어느 정도의 사회 경험과 자신만의 지혜를 바탕으로 본격적으로 자신의 꿈을 펼쳐가는 나이입니다. 게다가 아직 가능성이 많기에 그만큼 욕심도, 갈등도 많아지는 때가 아닌가 합니다.

《매일경제》 윤영걸 국장은 최근작 『30대가 아버지에게 길을 묻다』라는 책의 서문에서 '뷰리단의 당나귀' 라는 일화를 소개합니다.

몹시 배가 고픈 당나귀가 두 개의 건초더미에서 이것을 먹을까 저것을 먹을까 우왕좌왕하다가 그만 굶어죽고 만다는 이야기인데요. 윤 국장은 30대의 상황을 이 일화 속 당나위의 경우에 비유하며 다음과 같이 말하고 있습니다.

"30대는 당나귀의 처지와 비슷하다. 기회를 활용하지 못하고 이곳저곳을 기웃거리다가 세월을 허비하고 마는 게 대부분 30대의 삶이다. 영국의 극작가 버나드 쇼의 묘비에는 '우물쭈물하다가 내 이렇게 될 줄 알았지'라는 글귀가 써 있다고 한다. 이 글귀는 남의 얘기가 아니다. 머지않아 나의 마지막 말이 될 수도 있다."

인생 선배의 소중한 조언입니다. 이 이야기는 30대를 위한 충고라고 하지만 결코 30대에만 한정되는 이야기는 아닙니다.

이것을 할까, 저것을 할까 방황만 하다 삶을 흘려보내버리는 사람들이 의외로 많습니다. 특히 자신의 능력에 대한 믿음이 강한 사람, 지나치게 낙관적인 사람들 중에 이런 분들이 꽤 되지요.

언제든 잘할 수 있다는 믿음은 살아가는 데 큰 도움이 되지만 이따금 부정적인 결과를 낳기도 합니다. 이런 생각 때문에 진득하게 무언가를 하기보다 여기에 조금 저기에 조금씩 손을 대보기 쉽거든요.

마치 물고기를 잡듯이 인생의 초년에는 그물을 넓게 펴고 점점 시간이 흐를수록 그물의 범위를 좁혀가야 합니다. 세월은 우리를 그냥 기다려주지 않기 때문입니다. '잘할 수 있다'는 믿음은 매우 중요하지만 시간은 냉정하게 흐른다는 사실, 그리고 젊은 날은 생각보다 무척 짧다는 사실을 스스로 깨달을 수 있으면 오랫동안 방황하지 않을 수 있을 것입니다.

무슨 일을 하더라도 특정 분야에 대해 에너지를 집중하고 숙성시키는 일정한 기간이 없다면 입신은 힘든 일이지요.

물론 모색의 시간도 반드시 필요합니다. 모색의 순간에는 철저히 고민하고 경험해 보되, 일단 무언가를 시작했으면 앞을 보고 나아가야 합니다. 그리고 그렇게 선택한 길에서는 자꾸만 좌우를 곁눈질하지 말고 자신만의 결론을 만들어내야겠죠.
 서른의 여러분, 흰머리가 휘날릴 즈음이 되어, 아니 가깝게는 마흔 문턱을 넘어 '우물쭈물하다 이렇게 되고 말았다'는 회환을 품지 않을 수 있도록 단단한 하루하루를 만들어가시기 바랍니다.

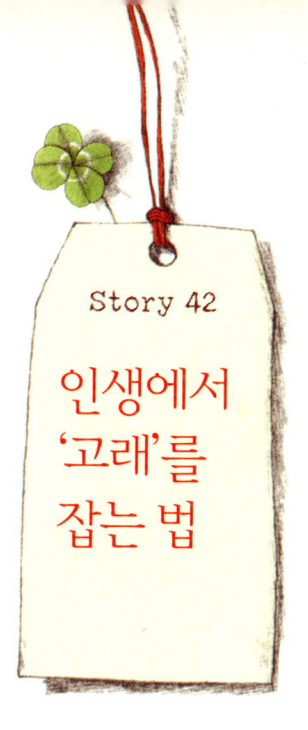

Story 42

인생에서
'고래'를
잡는 법

무척 덥던 지난 여름 어느 날, 인천 송도의 '펜타포트 록 페스티벌'에 참석한 한 밴드 이야기가 신문에 실렸더군요. 기사를 쓴 기자가 제목을 아주 근사하게 뽑아두었습니다.

'나쁜 곡 많이 써야 좋은 곡 나와'.

이렇게 하나의 단어나 문장에 '필'이 꽂힐 때가 있습니다. 자신이 갖고 있던 삶과 세상에 대한 가설과 일치하는 부분을 다른 사람의 말이나 글을 통해 확인할 때입니다.

기사는 이렇게 시작됩니다.

"지난달 말 진흙탕과 땡볕이 교차된 인천 송도의 '펜타포트 록 페스티벌'에서 관객들의 체수분을 쪽 뽑아놓은 밴드 1위가 미국의 '가십'이었다면 눈물 글썽이도록 감동적인 무대는 영국 브릿팝 밴드 '트래비스'였다. 이들이 〈싱(Sing)〉, 〈클로저(Closer)〉, 〈와이 더즈 잇 올웨이즈 레인 온 미(Why does it always rain on me)〉를 부를 때 거의 모든 관객들이 가사를 외워 따라부르는 장면은 오아시스, 뮤즈 내한 공연 이후 최

대의 감동을 끌어냈다." 《조선일보》, 2008. 8. 8)

이 기사를 오려서 식탁 바로 옆에 두었습니다. 조금 뒤 아침식사를 하던 막내가 오려둔 신문을 읽고 있더군요. 그래서 예외 없이 아빠의 잔소리(?)가 시작되었습니다.

"이 기사 봤니? 이 대목을 한번 읽어봐라."

다름 아니라 기자가 이렇게 묻는 대목입니다.

"밴드를 시작하고 싶은 사람들에게 해주고 싶은 말이 있다면?"

"곡을 많이 써야 합니다. 나쁜 곡을 많이 써야 좋은 곡이 나옵니다. 작은 고기를 많이 잡다가 결국 고래를 잡게 되는 것이죠."

제가 아이에게 그리고 여러분에게 그리고 제 자신에게 하고 싶은 이야기가, 밴드의 네 명 멤버들이 인터뷰 중에 한 바로 위의 말입니다.

살아가는 데는 어떤 원칙이 나름대로 있어야 한다고 봅니다. 남이 무엇이라 하더라도 우직하게 밀어붙이는 '삶의 원칙' 말입니다. 저의 삶의 원칙은 '트래비스' 멤버들이 갖고 있는 원칙과 같습니다. 무엇이든 자꾸 시도해 봐야 한다는 것이지요.

때로는 타인의 눈에 조금 무모하게 보여도 크게 개의치 않고 자꾸 시도해 보는 것입니다. 제가 아침에 아이에게 들려준 이야기도 바로 그 부분입니다.

"자꾸 시도해 봐야 한다. 자꾸 도전해 봐야 한다. 인생의 기회가 어디에서 잡힐지 모르거든. 지나치게 계산적인 사람들은 대성할 수 없다. 왜냐하면 시험은 잘 치를 수 있을지 모르지만 인생은 아주 길고긴 게임이거든. 왜, 너도 알지 않니, 통계학에서 이야기하는 '대수의 법칙' 말이다. 행운도 있겠지만 결국 많이 해보는 사람들이 확률적으로 이길 가능성이 훨씬 높다."

'트래비스'라는 밴드의 멤버들과는 일면식도 없고 하는 분야도 다르고 세대도 차이가 납니다. 그러나 그들이 오늘날의 명성을 얻기까지 굳게 지켜온 원칙에서 충분한 공감대를 얻게 되지요.

삶에서 이렇게 시공간을 초월해서 동지애를 느끼는 사람들을 만날 때마다 희열과 안도감을 느끼게 됩니다. 여러분은 어떻게 생각하세요?

자꾸 시도해 보세요. 약간은 우둔하고 뒤떨어지는 시도라고 폄하하는 사람들이 있을지라도 말입니다. 훗날, 시간은 여러분의 그런 시도를 반드시 기억해 줄 것입니다.

Life Skill 4

성공보다 중요한 인생의 기본기

세상의 많은 부분은 아주 기본적인 것에 토대를 두고 있지요. 지식이든, 기술이든, 그 무엇이든, 튼튼한 기본 위에 쌓아야 제 역할을 할 수 있습니다. 기초가 튼튼하지 않으면 그 위에 쌓은 성은 언제 무너질지 모르니까요.

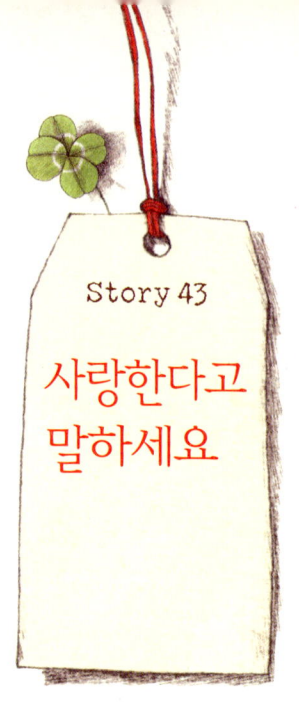

Story 43

사랑한다고 말하세요

"여러분, 부모님께 자주 전화 하세요. 할 수 있다면 매일 부모 님께 전화하세요. 그리고 꼭 '사 랑한다'고 말하세요."

저녁에 아이가 다니는 학교 졸업생들의 환송회에 참가하고 돌아왔습 니다. 위의 말은 한 졸업생이 재학생들에게 전하고 싶은 말을 찬찬히 들 려주던 중에 눈물을 글썽거리면서 한 이야기입니다. 그 학생의 아버지

는 지금 몸이 많이 편찮으시다고 합니다.

환송회가 끝나고 올림픽도로로 차를 몰고 돌아오는데, '사랑해요'라는 말이 가슴속에 맴돌았습니다. 우리는 사랑하는 사람들이 늘 그 자리에 있을 거라고 조금도 의심하지 않고 살아갑니다. 그러나 우리네 삶의 앞날을 어찌 정확히 예상할 수 있겠어요. 사랑하는 사람이 어느 순간 그 자리를 떠나버릴 수도 있거든요.

이제는 알지요. 그렇게 했어야 한다는 것을요. 후회와 깨달음은 늘 늦게 찾아옵니다. 어느 시집의 제목처럼 '지금 알고 있는 걸 그때도 알았더라면' 하고 안타까워하게 되는 것이지요.

생전에 아버지와 어머니께 '아버지 정말 존경합니다', '어머니 정말 사랑해요' 그렇게 자주 말했어야 합니다. 저 역시 그때 그렇게 했더라면, 하는 아쉬움이 가슴을 저며올 때가 있지요.

"그리고 꼭 사랑한다고 말하세요."

그 졸업생의 말이 여운을 남기면서 지나갑니다.

아이들을 키우면서 저는 부모와 자식 간에도 이렇게 '사랑해요'라는 말로 자신의 감정을 적극적으로 표현해야 하는구나, 하는 것을 깨우치게 되었습니다. 그것도 아들이 제게 해주는 '사랑한다'는 말을 통해서요.

여러분, 이 글을 보시면 지금부터라도 틈틈이 부모님, 아내, 남편, 아이들, 그 리고 사랑하는 사람들에게 사랑한다고 말하세요. 그리고 할 수 있다면 힘껏 안아보세요.

'사랑해요, 사랑해요!'

때로는 지치기도 하는 힘든 세상살이에서 힘과 용기를 주는 마법과 같은 멋진 표현 아닌가요?

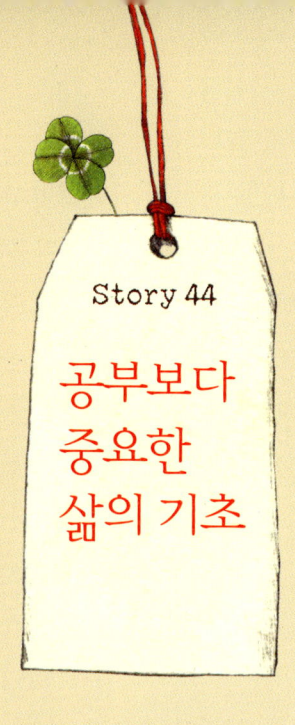

Story 44
공부보다 중요한 삶의 기초

어제 자기경영아카데미에서 강의 중간 쉬는 시간에 한 여학생이 어질러진 실내화들을 가지런히 정리하는 모습을 보았습니다. 대견한 마음에 나중에 부모님께 "정말 아이를 잘 키우셨습니다" 하고 칭찬을 해주었습니다. 그 여학생과 같은 태도와 마음으로 살아간다면 복이 저절로 굴러올 것입니다.

한편 그 학생과는 다른 생각을 하게 만드는 아이도 있습니다. 그 아이의 미래뿐 아니라 내 아이까지 생각하게 만드는 경우입니다. '혹시 내 아이도 저럴까…?' 하고요.

자기경영아카데미에서 아이들과 함께 식사를 할 때면 기본적인 예의범절에 대해 다시 한 번 생각하게 됩니다. 바른 자세로 앉아서 식사를 한다, 식사를 할 때는 턱이나 손을 식탁 위에 괴지 않는다, 식사 전이나 후에 '잘 먹겠습니다', '잘 먹었습니다' 하고 감사를 표현한다, 가능한 한 밥은 숟가락으로 반찬은 젓가락으로 집는다…… 이렇게 기초적인 식사 예절을 갖추지 못한 아이들이 많거든요.

Life Skill 4 : 성공보다 중요한 인생의 기본기 또한 타인으로부터 무언가를 받거나 도움을 받았을 때 감사를 표하는데 서툰 아이들이 많습니다. 그런 것을 당연하게 생각하기 때문일 수도 있고, 인사를 해야 한다는 생각을 하지 못해서이기도 하겠지요. 그러나 언제 어디서나 '감사합니다', '고맙습니다'라고 감사를 표하는 습관이 되어 있으면 타인에게 좋은 인상을 남길 수 있습니다.

그런 사소한 것들에 연연할 필요가 있을까? 하고 생각할 수도 있을 겁니다. 하지만 사소하다고 해서 중요하지 않은 것은 아닙니다. 특히 아이가 타인의 눈에 어떻게 비춰질 것인가를 생각하면, 부모들이 공부 이전에 기본적인 예절은 반드시 가르쳐야 하는 게 아닐까요?

자녀가 아이일 때는 어리고 모른다고 넘어갈 수 있지만, 훗날 아이가 한 명의 사회인으로 살아갈 때는 문제가 다릅니다. 특히 조직에서는 그런 사소하지만 기본적인 것들을 가지고 한 사람의 됨됨이를 평가할 수도 있습니다.

아무리 능력이 뛰어나도 기본 예절을 갖추지 못했다면 조직에서든 인생에서든 성공한 사람이 될 수 없습니다.

요즘 들어 부모들의 관심이 자녀의 학업에 치우친 나머지 이런 기초적인 부분을 소홀히 하고 있는 건 아닐까 하는 우려가 생기기도 합니다. 공부를 잘하는 것도 중요하지만, 이 못지않게 다른 사람들을 배려하고 남들에게 호감을 줄 수 있는 아이가 되도록 가정에서 가르쳐야 합니다.

엄마 아빠가 자주 지적하고 이야기해 주는 방법이 최선입니다. 그리고 부모님이 모범을 보여야지요. 부모가 자녀에게 줄 수 있는 가장 귀한 것은 '좋은 습관'이라는 말이 있습니다. 저는 그 말에 동의합니다.

'타인에게 호감을 주는 능력'은 성공의 첫걸음이고 그것은 바로 잘 다

져진 습관에서 시작됩니다. 그런 능력은 어렸을 때부터 몸에 밴 습관으로 갖게 되는 것이지 어느 날 갑자기 생기는 것이 아닙니다.

세상의 많은 부분은 아주 기본적인 것에 토대를 두고 있지요. 지식이든, 기술이든, 그 무엇이든, 튼튼한 기본 위에 쌓아야 제 역할을 할 수 있습니다. 기초가 튼튼하지 않으면 그 위에 쌓은 성은 언제 무너질지 모르니까요.

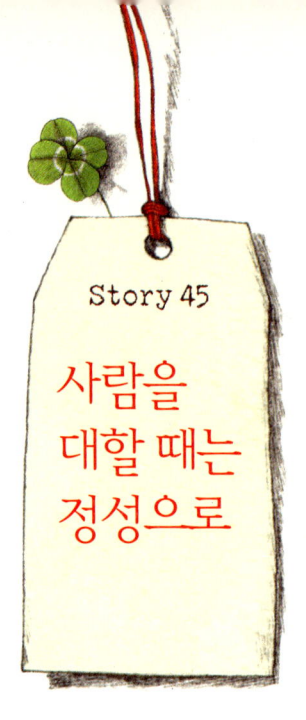

Story 45

사람을 대할 때는 정성으로

며칠 전에 큰아이와 함께 아는 분의 사무실을 방문할 기회가 있었습니다. 그분은 치열한 시장에서 우뚝 서는 데 성공한 멋진 사업가였습니다.

한 시간 남짓한 시간 동안 나눈 대화가 무척 인상적이었고 저와 아이에게 큰 영감을 주었습니다. 그런데 그분과 함께한 순간 중에서 가장 인상적이었던 일은 그분과 헤어질 때 일어났습니다.

누군가의 사무실을 방문했다가 헤어질 때는 대개 두 가지 경우가 있습니다. 하나는 사무실에서 헤어지는 경우, 다른 하나는 엘리베이터 앞에서 헤어지는 경우이죠. 특히 바쁜 사무실에서는 대개 엘리베이터까지 배웅하는 것도 쉽지 않은 경우가 많습니다.

그런데 그날 만남은 좀 의외로 끝났습니다. 엘리베이터 앞에서 헤어지지 않고, 지인이 우리와 함께 엘리베이터를 타고 5층인 사무실에서 로비까지 내려온 다음 빌딩 입구까지 걸어가 우리를 배웅한 것입니다.

저는 그동안 다양한 만남들을 가졌지만 이렇게 빌딩 현관까지 내려와서 상대방을 배웅하는 경우는 한 번도 보지 못했습니다. 아이가 동행을 한 터라 아버지인 제 입장을 고려해서 그렇게 행동했을 수도 있고, 아니면 중요한 사람인 경우에는 평소에 그렇게 성심성의껏 배웅하는 것이 몸에 배어 있을 수도 있겠지요. 하지만 촌음을 다투는 치열한 사업 현장에서 그렇게 하기란 그리 쉽지 않을 거라 생각합니다.

아무튼 '아, 이래서 정상까지 갈 수 있었구나' 하는 생각이 절로 들었습니다. **타인에 대한 그런 정성과 배려가 그 사람이 성공할 수 있게 만든 밑거름이었을 거라고** 말입니다. 물론 아이에게는 사람을 어떻게 대해야 하는가에 대한 아주 큰 교훈이 되었구요.

이렇게 살아가면서 크고 작은 일에서 감동을 받고 많이 배웁니다. '세상에는 훌륭한 사람들이 참 많다. 그러기에 사람으로부터의 배움은 끝이 없구나.' 세월이 가면 갈수록 깊이 느끼는 진실 가운데 하나지요.

오늘도 다른 사람들에게서 많은 배움을 얻고, 또 배움의 기회를 주는 하루 보내시기 바랍니다.

Story 46

정상에 오르기 위한 준비물

아침 일찍 일어나서 작업을 하던 중에 '미국 암 박사들의 최고 영예인 미국 국립암자문위원회 위원에 대한민국 의대 출신의 재미 한인 의사가 선정되었다'는 내용의 기사를 읽었습니다.

내로라하는 인재들이 모여 있는 분야에서 두각을 나타내기란 쉽지 않은 일이지요. 기사의 주인공은 올해 66세인 홍완기 교수였습니다. 미국 텍사스 휴스턴의 M.D. 앤더슨 암센터에 근무하고 있는 홍 교수는 1967년 연세대 의대를 졸업했습니다. 스물아홉에 미국으로 건너가서 암 치료, 특히 후두암 분야와 예방 분야의 선구자로 큰 업적을 쌓아왔습니다. 지금까지 발표한 논문만 660여 편으로 '암 연구계의 타이거 우즈'라는 별명을 가지고 있다고 합니다.

저는 이런 분들에 대한 기사를 볼 때마다 다음과 같은 질문을 던지곤 합니다. '이 사람만의 독특한 성공 공식은 무엇일까?'

세상에는 정말 똑똑한 사람들이 많습니다. 그러나 삶의 전체 그림이 어느 정도 윤곽을 드러내는 시점이 되면 반드시 똑똑한 사람들이 앞서 있지는 않습니다. 삶의 역설인 셈이지요. 홍 교수를 소개한 김철중 기자의 「재미 한인 의사 당당히 입성」이란 기사에는 이런 대목이 있었습니다.

"그가 여기까지 오는 데는 한국인 특유의 부지런함이 있었다. 월요일부터 토요일까지 새벽 4시 반에 집을 나서서 5시면 연구실에서 일을 시작하는 생활을 30년째 해오고 있다. '연구할 시간을 너무 빼앗긴다'며 골프는 시작도 하지 않았다. 이렇게 해서 지금까지 국제 학술지에 발표한 논문이 무려 660여 개가 된다."《조선일보》, 2008. 6. 18)

말로만, 재능으로만, 순발력으로만, 행운으로만 정상에 설 수는 없습니다. 어떤 분야에서든 정상에 오르려면 자신을 철두철미하게 규율하는, 그것도 단기간이 아니라 장기간에 걸쳐서 규율하는 특별한 습관이 있어야 합니다.

그래서 사소하게 보일지 몰라도 한 인간이 가진 습관들은 정말 중요합니다. 이따금 젊은이들과 대화를 나누다 보면 꿈과 희망을 열성적으로 털어놓는 젊은이들을 만날 수 있습니다. 10년이 지나고 20년이 지나면서 그 젊은이가 과연 자신의 꿈과 희망에 근접한 삶을 성취하는가 하는 것은 사소하게 보이는 그의 습관의 결과입니다. 어느 누구도 꾸준하게 무언가를 추구하는 사람은 당해낼 수가 없으니까요.

홍 교수는 큰 포부 또한 있었겠지만 무엇보다 끊임없이 자신을 다잡으며 모든 에너지를 자신이 추구하는 분야에 쏟아부었기 때문에 오늘의 자리에 서지 않았을까 합니다.

타인의 삶을 보면서 나 자신과 우리를 돌아보게 됩니다. 제대로 살아가고 있는가라는 질문과 함께 말이지요.

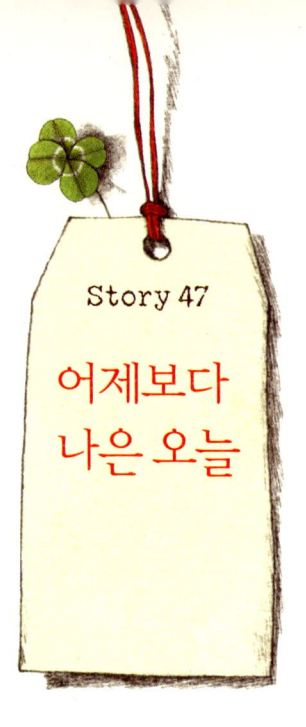

Story 47

**어제보다
나은 오늘**

자기 힘으로 거친 세상에 우뚝 선 인물들의 이야기는 언제나 감동적입니다. 그런 분들에게는 자연스럽게 스며나오는 풍부한 삶의 이야기와 철학이 있지요.

아침에 《한국경제신문》에 이윤재 피죤 회장의 인터뷰가 실렸더군요.

이윤재 회장은 작은 무역회사의 평범한 샐러리맨으로 시작해 베테랑 '영업맨'으로 성장했으며, 마흔다섯이 되던 1979년 피죤을 세워 탄탄한 토종 기업으로 키워온 뚝심 있는 사업가입니다. 칠십 대의 나이에도 여전히 열정으로 눈빛이 형형한 이 회장의 모습에서 지금에 안주하지 않는 그의 치열한 삶의 과정들을 느낄 수 있더군요.

"매일매일 어제보다 더 잘해야지, 하고 습관처럼 생활해 왔습니다. 저녁이 되면 내일만 생각했어요. 오늘보다 나은 내일을 만들려고요. 그러다 어느 순간 뒤를 돌아보니 이만큼 커져 있더군요."

기자가 이 회장에게 "샐러리맨 시절에 인정받기 위해 어떻게 하셨나요?"라고 물었습니다.

"일단 동대문에 가서 고물 타자기를 구입한 다음 퇴근하면 타자 연습에 몰두했습니다. 1분에 300자 정도 치면 최고 실력자로 인정받았는데, 금세 실력자가 됐지요. 다음엔 무역업을 배워야겠다 싶어 선배에게 업무 관련 문서를 얻어서는 집에 가서 무조건 외웠어요. 아예 무역영어를 20가지 유형으로 간추린 다음 통째로 외워버린 거지. 이렇게 하다 보니까 다른 직원들이 맡던 몫까지 내가 혼자서 다 해냈고, 1년 뒤에 우리 회사 직원은 사장과 나밖에 안 남더라고요. 월급도 5만 환으로 다섯 배가 올랐구요." 《한국경제신문》, 2007. 7. 13)

오늘보다 더 나은 내일을 만들어야겠다는 결심을 꾸준히 실천에 옮길 수 있다면, 차이는 있어도 누구나 상당한 수준의 성공을 이룰 수 있을 겁니다.

건성건성, 대충대충 인생을 흘려보낼 수도 있고, 성실하게 인생을 살아나갈 수도 있지요. 한방의 대박을 꿈꾸면서 인생을 보낼 수도 있고, 커다란 화폭에 그림을 그리듯이 꼼꼼히 인생을 채워갈 수도 있구요.

인터뷰를 읽으면서 이런 말이 떠올랐습니다.

'매사를 사소하게 여기지 말고 누가 보든 보지 않든 최선을 다하고,

시간이 조금이라도 나면 무엇이든 배우고 익혀서 조금이라도 자신을 나아지도록 만들기 위해 노력하고, 세상을 한탄하지 말고 자신의 노력이 부족함을 안타까워하고, 자신에게 주어진 모든 것에서 감사해야 할 이유를 찾을 수 있다면…… 반드시 원하는 인생을 살 수 있다.'

　가슴에 새길 만한 말이지요. 이 말을 명심하고 지금 당장 어제보다 나은 오늘을 만들기 위한 첫 걸음을 내딛으시기 바랍니다. 그러면 어느 새인가 원하는 삶을 살아가고 있는 자신을 발견하실 테니까요.

　건투를 빕니다.

매사를 사소하게 여기지 말고 누가 보든 보지 않든 최선을 다하고,
자신에게 주어진 모든 것에서 감사해야 할 이유를 찾을 수 있다면…
반드시 원하는 인생을 살 수 있다.

Story 48

배우고 깨우치고 성장하기

토요일 아침입니다. 아침이면 느긋하게 종이 신문을 읽습니다. 오늘 아침 신문에는 인도 IIT(인도공과대학)의 마드라스 아난트 총장의 인터뷰가 실려 있었습니다. 프린스턴대학 교수 출신의 세계적인 화학자지요.

아난트 총장에게 특파원이 이런 질문을 던졌습니다.

"IIT 방식의 대학 교육은 무엇이 다른가?"

이 질문에 대한 그의 대답이 아주 독특합니다.

"서양의 교육은 타인과의 경쟁을 강조하며 호들갑을 떤다. 인도적인 사고로는 경쟁은 자신과 하는 것이다. 남에게는 협력하고 도와주는 것이다. 교육이란 모르는 것을 모른다고 하면서 제대로 살아가는 기술이다. 겸손이 진리로 나아가는 가장 중요한 무기다. 또 대학은 직관력, 통찰력을 길러줘야 한다. 통찰력의 반대는 논리다. 논리를 너무 강조하면 답답해진다."《조선일보》, 2006. 10. 14)

답변 가운데 '교육이란 모르는 것을 모른다고 하면서 살아가는 기술이다(Education is an art of living gracefully with ignorance)'라는 말이 가슴에 와 닿네요.

위의 문장을 '교육(배움)이란 스스로 부족함을 알고 늘 그것을 극복하기 위해 살아가는 예술이다'라고 옮길 수도 있겠지요. 어떻게 번역을 하든 정말 멋진 말입니다. 삶이란 항상 무지함을 깨우치는 과정이니까요.

어제 저녁에는 자기경영에 대한 강의를 했는데, 50대 중반 정도 된 분이 강의가 끝난 다음 이런 질문을 하셨습니다.

"젊은 사람이 이 강의를 들었다면 큰 도움이 되었겠지만, 저처럼 40대와 50대가 10년 후를 준비하기 위해서는 조금 다른 내용이어야 하지 않을까요?"

배우고, 익히고, 깨우치고, 날로 성장해 가는 것은 10대나 20대나, 아니면 40대나 50대나 마찬가지라고 봅니다. 물론 구체적인 방법과 배우는 대상은 조금씩 다를 수 있습니다. 그러나 호기심을 갖고 항상 진지하게 무언가를 배우려는 자세나 방법은 거의 비슷하지 않을까 싶습니다.

어떤 방법으로든 배우고 익히면서 성장해 가는 것은 정말 대단한 기쁨입니다. 삶은 늘 그렇게 자극이 있어야 하는 것 같습니다.

저는 오늘 토요일 하루도 읽고, 쓰고, 생각하고, 좀더 나은 것을 만들어내기 위해 노력하며 보내려고 합니다. 여러분은 '어떻게 지내실 예정이신지요?

토요일 하루도 재미있고 의미 있게 보내시길 기원합니다.

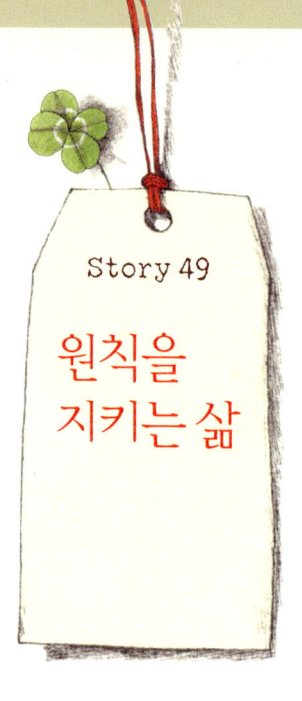

Story 49

원칙을
지키는 삶

신문에서 전(前) 고위 공무원에 대한 기사를 읽었습니다. 그 사람은 뇌물을 받은 혐의로 기소된 상태인데, 비교적 강직한 사람으로 통했기 때문에 주변 사람들은 의외라고 생각했다고 합니다.

"돈가방을 택시 밖으로 내동댕이치지 못한 것을 천추의 한으로 생각한다······." "당시 비가 많이 왔는데 얼떨결에 가방을 받았다······." "돌려주려고 수차례 전화를 했지만 연락이 안 되었고, 차일피일 미루다가 사용하게 되었다······."

저는 이 기사를 읽으면서 과거 대규모 비리 사건에서 돈을 돌려준 덕에 불명예를 피한 소수의 공직자들이 생각나더군요. 그들 중에는 최근까지 고위직에 오른 사람들도 있습니다.

신문에 나온 전 고위 공무원의 경우, 전후 사정을 미루어볼 때 참 딱한 경우입니다. 순간의 방심이 오랜 공직생활을 불명예로 마무리하게 만들어버렸으니까요.

살아가면서 이따금 그런 치명적인 순간들이 올 때가 있지요. 그런 순간에 단호하지 못하면 이렇게 불명예스런 사건에 휘말릴 수 있습니다. 순간의 판단이 삶 전체에 먹구름을 드리우게 되지요.

그래서 사람은 맺고 끊는 것이 분명해야 합니다. 이따금 다른 사람들로부터 '너무 단호하다' 또는 '너무 냉정하다'는 평가를 받더라도 말이지요.

삶을 살얼음판 위를 걷듯 너무 조심스럽게만 살아갈 필요는 없지만, 스스로 양보할 수 없는 원칙은 뚜렷이 세우고 살아가야 합니다. 그리고 **양보할 수 없는 것에 대해서는 언제라도 단호하게 '노(No)'라고 얘기할 수 있어야겠지요. 약한 마음 때문에 원칙을 저버리는 잘못을 절대로 범해서는 안 됩니다.**

세상을 살다 보면 적당히 봐줘야 할 경우도 있습니다. 하지만 반드시 지켜야 할 몇 가지 원칙은 어떤 경우라도 양보하지 말아야 합니다.

판사의 심리 기사를 읽으면서 안타까운 마음에 몇 자 적어보았습니다.

Story 50

'저 사람은
변함이
없다'

부산에서 강연을 마치고 올라오는 길이었습니다. 제가 탄 비행기 옆자리에 유명한 노정치인 한 분이 앉아 계셨습니다. 젊은 날부터 수많은 요직을 두루 거친 분이었고, 그분의 정치 인생을 회고한 책은 저도 인상 깊게 읽은 적이 있었습니다.

저는 자리에 앉으면서 그 노정치인에게 '안녕하십니까?' 하고 인사를 드렸습니다. 원로에 대한 배려이자 예의의 표시로요. 그러나 그분은 아무런 반응을 보이지 않으시더군요. 잠시 저를 물끄러미 쳐다본 다음 읽고 있던 신문으로 눈길을 다시 돌리셨습니다.

내릴 때는 제가 복도 쪽 자리에 앉은 까닭에 그분이 먼저 나가실 수 있도록 잠시 뒤로 물러서 드렸습니다. 물론 제가 바깥이니까 먼저 나갈 수도 있지만, 나이 드신 분을 배려해야 한다는 생각이 들었거든요. 그러자 그분은 아주 당연하게 여기고 나가시더군요.

그분의 모습을 보면서 여러 가지를 생각했습니다. 나이를 먹고 세상을 많이 경험한다고 해서, 또 높은 지위에 있다고 해서 저절로 예절이 갖춰지는 것은 아니죠. 그리고 얼굴이 알려져 있는 사람일수록 사람들을 대할 때 좀더 겸손하도록 노력해야 합니다. 권력이건, 명성이건, 영향력이건, 돈이건, 남들보다 조금 더 지닌 사람들이라면 항상 자신이 타인에게 어떻게 비춰질까를 생각해야 합니다.

저도 강연을 마치면 팬들이 다가올 때가 있습니다. 그리고 어떤 곳에 초청을 받아서 가면 안내하는 분들로부터 과분할 정도의 대접을 받을 때가 있지요. 그럴 때마다 저는 만나는 한 사람 한 사람을 정성을 다해 대하고, 가능한 한 겸손하게 행동하도록 노력합니다.

그런 겸손은 타인을 기쁘게 합니다. 물론 자신을 즐겁게 만들기도 하구요. 제 소망 중 하나가 세월이 흘러도 '저 양반은 변함이 없다'는 평판을 들으며 사는 것입니다.

그날 노정치인을 만난 비행기를 타기 전, 강연을 마치고 공항으로 이동하는 길에 어떤 분이 커뮤니티에 글을 올리셨더군요.

"박사님께서 강연회를 마치고 주차장에서 차를 타고 출발하시는 걸 우연히 보았습니다. 박사님께서는 저와 제 아내의 인사에 기분 좋게 응대해 주셨습니다. 그 모습에서 박사님의 따뜻한 마음을 느낄 수 있었습니다."

그때 제가 별 반응 없이 지나쳤더라면 그분은 어떤 기분을 느끼셨을까요?

한순간의 짧은 만남이라도 상대방에게 기분 좋은 기억을 남길 수 있도록 노력합시다. 그러면 결국 우리 자신의 삶이 즐거워지니까요.

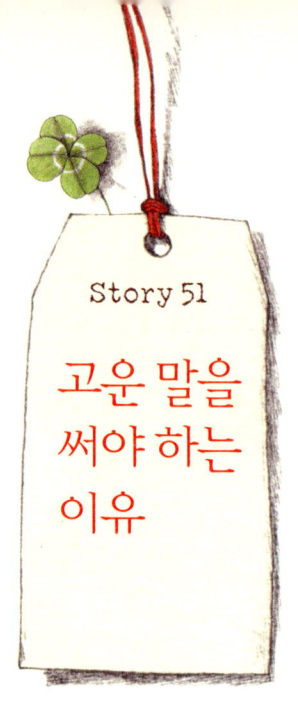

Story 51
고운 말을 써야 하는 이유

일주일 전에 신입사원들을 위한 강연을 했습니다. 참석했던 한 젊은이가 이런 질문을 하더군요.

"공 박사님은 자신이 말한 대로 이뤄지는 경험을 많이 하셨습니까?"

그래서 이렇게 답했습니다.

"'말이 씨가 된다'는 속담이 있지요. 그런 경험을 할 때가 실제로 있습니다. 그렇기 때문에 늘 자신의 입에서 나오는 말에 신중할 필요가 있지요. 그리고 가능하면 긍정적인 말, 낙관적인 말, 배려하는 말이 나오도록 자신을 가꿔가야 합니다."

최근 들어 신문이나 인터넷을 보다 보면, 나오는 대로 마구 뱉어놓은 말이나 글을 보게 되는 경우가 많습니다. 타인이 불쾌감과 혐오감을 느낄 정도의 표현을 거침없이 사용하지요. 본래 그 사람의 성정이 그런 까닭에 그런 표현을 쓰는 경우가 있겠고, 역으로 그런 말과 글이 그 사람의 성정을 점점 더 왜곡시켜 가는 경우도 있을 것입니다.

공격적이고, 불손하고, 냉소적이고, 오만함으로 가득 찬 말이나 글을

'말이 씨가 된다'는 속담이 있지요.
그런 경험을 할 때가 실제로 있습니다.
그렇기 때문에 늘 자신의 입에서 나오는 말에 신중할 필요가 있지요.
긍정적인 말, 낙관적인 말, 배려하는 말이 나오도록
자신을 가꿔가야 합니다

내뱉는 것이 자신의 삶에는 나쁜 영향을 미치지 않을 거라고 생각할 수도 있습니다. 그러나 삶이란 그렇지 않습니다. 그렇게 거친 표현을 사용하는 데 익숙한 사람들이 주변 사람들로부터 호감을 얻을 수 있을까요? 진지함을 잃어버린 사람이 세상에서 잘될 수 있을까요? 저는 그렇게 생각하지 않습니다. 그런 부분에 대해 반드시 언젠가는 대가를 치르게 됩니다.

세상에는 고운 말이나 글이 많이 있지요. 자신의 주장을 펼치면서도 얼마든지 고운 표현을 사용할 수 있습니다. 익명성을 이용해서 말이나 글을 함부로 쏟아내는 사람들이 부디 주변이나 사회에 바람직한 인물로 성장해 가기를 바라는 마음 간절합니다.

며칠 전에 읽은 새뮤얼 스마일즈의 『자조론』 첫 페이지에 나오는 W. M. 새커리의 말을 인용하며 글을 마칠까 합니다.

"젊은이들이 조언을 구한다면 나는 이렇게 말하리라. 자기보다 나은 사람을 사귀어라. 책에서든 인생에서든 그것이 가장 도움이 되는 교제다. 올바른 것을 흠모하는 법을 배워라. 인생의 기쁨은 거기에 있다. 위인은 무엇을 흠모했는지 살펴봐라. 위인은 위대한 것을 흠모하지만, 편협한 사람은 천박한 것을 흠모하고 비열한 것을 숭배한다."

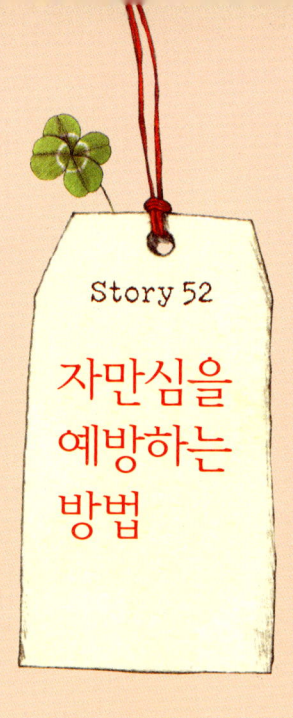

Story 52

자만심을 예방하는 방법

어제는 경상남도 진주에서 강의가 있었습니다. 저녁 강연이어서 강연이 끝난 후 밤 10시 10분 우등버스로 올라왔습니다. 정말 오랜만에 심야 우등버스를 탔네요. 캄캄한 고속도로를 달리는 버스 안에서 몹시 피곤한 중에도 그날 강연에서 받았던 질문들에 대해 다시 한 번 생각하게 되었습니다.

강의 후 질의응답 시간에 조금 나이가 드신 참석자께서 이런 질문을 하셨습니다.

"박사님은 자신감이 있어 좋긴 한데, 그것이 자칫 자만심으로 연결되지 않을지 모르겠습니다."

따끔했지만 제 자신을 돌아볼 수 있는 좋은 질문이었습니다.

자신감이 지나치면 자만심이 될 수 있지요. 자신감과 자만심 사이에서 적절한 균형을 유지하는 일은 결코 쉽지 않습니다.

하지만 저는 효과적인 방법을 한 가지 알고 있습니다. 바로 책을 많이 읽는 것입니다.

책을 읽으면 읽을수록 자신의 부족함을 느끼고 또 느끼게 됩니다. 지식의 지평이란 것은 상상할 수 없을 정도로 넓기 때문입니다. 따라서 글을 읽고 쓰는 한 자신의 부족함을 끊임없이 느낄 수밖에 없습니다. 이를 보충하려는 노력을 하는 한 자만심은 쉽게 생겨나지 않을 것입니다.

그분은 이런 질문도 던지셨습니다.

"공 박사님은 지나치게 지식을 상품화하는 것은 아닌가요?"

저의 활발한 집필과 강연 활동을 두고 하신 질문일 텐데, 이에 대한 저의 생각은 이렇습니다.

책을 쓰고 강연을 하는 일 역시 고객의 욕구와 필요성을 만족시켜야 살아남을 수 있는 것이죠. 그렇기 때문에 저는 좋은 책이란 많이 팔리는 책이라고 생각합니다. 그리고 좋은 강연이어야 청중들의 호응을 많이 받는다고 생각하고요. 때문에 저는 상품화에 대해서도 긍정적인 생각을 갖고 있습니다. 물론 그것이 늘 대중에게 도움이 되는 쪽이어야 하고, 그 안에서도 지켜야 할 원칙이 필요하겠지요.

창조란 다른 사람들의 지식이나 정보를 수렴하는 과정에서 새로운 조합을 만들어내는 일입니다. 그래서 누군가가 표현한 '지식의 소매상'과 저는 차원이 다르다고 생각합니다. 저는 제 자신이 혁신가 즉 '이노베이터(innovator)'라고 생각하거든요.

좋은 질문들 덕분에 어제의 강연은 제 자신을 돌아보고 마음가짐을 다잡는 의미 있는 시간이었습니다.

오늘 하루도 건승하는 시간 보내시길 기원합니다.

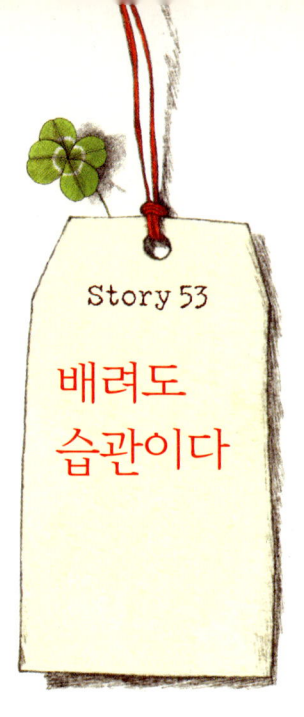

Story 53
배려도 습관이다

저는 지금 강연을 마치고 강남의 조그만 카페에 앉아서 책을 읽고 있습니다.

바로 옆자리에는 한 일본인 아가씨와 한국인 친구가 앉아서 대화를 나누고 있습니다. 그런데 진짜 조용조용히 이야기를 하네요. 두 사람이 이야기 나누는 모습에서 주변 사람들에게 방해되지 않도록 조심하는 투가 역력합니다.

단정지어 말할 순 없지만 아마 한국인이나 중국인이라면 꽤나 시끌벅적했을 것입니다. 사실 식당 같은 공공장소에서 자녀들이 정신없이 뛰어다니게 내버려두는 부모의 모습에 눈살을 찌푸리거나, 카페에서 마치 안방인 듯 시끄럽게 떠드는 사람들 때문에 귀가 다 멍멍해지는 경우가 자주 있지 않습니까.

확실히 일본인들은 어린 시절부터 다른 사람에게 폐를 끼치지 않아야 한다는 점을 귀에 못이 박히도록 듣고 성장하는 것 같습니다. 물론 그런 교육의 장단점은 있겠지요. 하지만 많은 사람들이 더불어 살아가는 사회에서는 타인을 배려하는 마음이 정말 중요합니다.

우리는 타인에게 조금 무례하고 무심할 때가 많습니다. 악의에서 그렇게 한다기보다는, 단순히 그런 태도가 습관이 된 것이죠.

타인을 배려하는 태도가 어릴 때부터 자연스럽게 삶의 한 부분으로 자리를 잡는다면 정말 멋진 일이 아닐까요. 그렇게 되면 당장 우리의 삶이 달라지고 이 사회가 달라질 것입니다.

스스로 멋진 인물로 성장해서 존경받고 싶다면, 무엇보다 그런 인물이 된 것처럼 생각하고 행동하면 도움이 될 것입니다. 이처럼 멋진 인물이 되는 데 결정적인 조건 가운데 하나가 언제 어디서나 타인을 대할 때 정중하게 배려하는 일이겠지요.

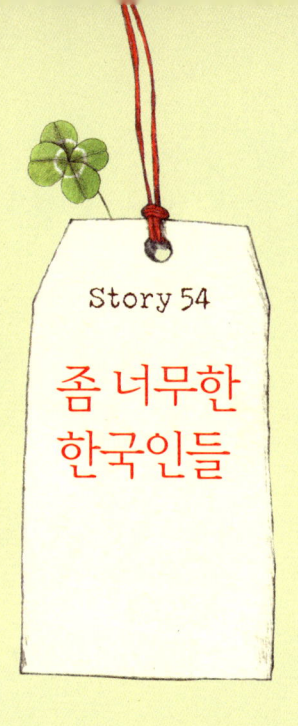

Story 54

좀 너무한 한국인들

이따금 저를 포함한 우리 한국인들을 생각하면 '참 대단하다'는 반응과, 반대로 '좀 너무하다'는 반응이 엇갈릴 때가 많습니다. 그저께 천안 아산역에서 부산역으로 향하는 KTX 안에서 경험한 두 가지 일은 안타깝게도 '좀 너무하다'는 기분을 갖게 하기에 충분하더군요.

저녁 9시 40분 무렵이었으니까 고단한 하루를 보내고 무척 힘이 든 상태에서 기차를 탄 사람들이 많았을 것입니다. 몇 번이나 '실내에서는 휴대전화를 진동 모드로 바꾸시고, 가능한 한 통화는 통로로 나가서 해주시기 바랍니다'라는 메시지가 나왔음에도 불구하고, 앞, 뒤, 옆에서 연신 휴대전화 벨이 울리고 큰 목소리로 웃고 통화하는 사람들이 많더군요.

다들 배운 사람들 같았습니다만, 목소리를 낮추고 조심해서 이야기를 하려는 태도는 조금도 보이지 않았습니다. 객차 안에서 큰 소리로 통화하는 것이 마치 당연한 권리라도 되는 것처럼 말입니다.

늦은 밤 피곤한 상태니까 신발을 벗을 수도 있다고 봅니다. 그러나 식탁 용도로 사용하는 탁자를 펴고 그 위에 발을 올린 채 잠을 청하는 사람을 어떻게 이해해야 할지…… 그냥 무시하고 넘어갈 수밖에 없지만, 배울 만큼 배운 성인들의 그런 행동을 어떻게 이해해야 좋을지 알 수가 없었습니다.

차 내부는 일종의 공적 공간이지요. 공적 공간에서 위와 같은 상황을 마주칠 때마다 우리 사회가 물질적으로는 크게 성장했지만 에티켓 수준은 한참 멀었다는 생각이 들어 아쉽습니다.

어제는 공항에서 내려 택시를 타고 집으로 이동했습니다. 개인택시였는데, 차를 몰면서 기사는 끊임없이 혼잣말처럼 불평불만을 늘어놓았습니다.

뒤에 앉아 있는 사람이 손님인데, 자신의 직업에 대한 책임감 같은 것은 찾아볼 수 없었습니다. 물론 기름값도 오르고 덥기도 하고 힘든 면도 많겠지요. 하지만 요즘 생활하기 편한 사람들이 얼마나 있겠습니까?

우리 사회는 서로에게 스트레스를 많이 가하는 사회인 것 같습니다. 어른이나 아이나 서로 지켜야 할 에티켓이 너무 쉽게 무시되지요. 어찌면 그런 것들을 지키는 사람이 이상한 사람으로 보일 정도가 되었으니까요.

안타깝게도, '나를 포함한 우리 한국인들은 평균적으로 조금 무례하다'는 생각을 자주 하게 됩니다. 저부터, 우리 한 사람 한 사람부터 기본적인 예의를 지키며 살아가도록 노력해야 할 것 같습니다.

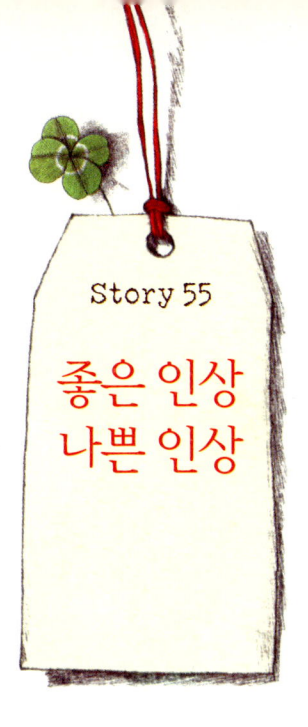

Story 55

좋은 인상
나쁜 인상

강연에 들어가기 20여 분 전입니다. 차를 타고 오던 중에 떠올랐던 생각을 옮겨볼까 합니다.

세상의 이곳저곳을 다니다 보면 여러 사람을 만나게 되지요. 그런데 좋은 인상이 오래 기억에 남는 사람들이 있는가 하면, 자주 만나더라도 만날 때마다 불편하고 부담스러운 사람들이 있습니다.

제가 자주 찾는 커피숍이 있는데, 그곳에서 일하는 직원들도 똑같은 유니폼을 입고 있지만 뚜렷하게 인상이 나누어집니다. 잠시 떠올리기만 해도 기분 좋아지는 사람이 있는가 하면, 그렇지 못한 사람들도 있지요. 특별한 이유 없이 좋은 느낌을 주는 사람과 전혀 그렇지 못한 사람 사이에는 큰 간격이 존재합니다.

어차피 평가는 스스로 하는 것이 아니라 남들이, 고객들이 하는 것입니다. 인상이 좋지 못한 사람들은 노력을 하더라도 고객들의 호응을 얻기가 힘듭니다. 결국 성과를 내는 면에서 큰 차이가 생기는 것이죠.

그렇다면 좋은 인상이나 나쁜 인상을 갖게 되는 원인은 무엇일까요?

그리고 어떻게 하면 좋은 인상을 지닐 수 있을까요?
 한 사람의 인상은 일상적인 생활습관과 태도에서 만들어집니다. 밝은 태도로 친절하게 생활하면 타인에게 좋은 인상을 줄 수 있을 것입니다. 그리고 그것은 결국 자신을 돕는 일이기도 합니다.
 친절에 더해서 자주 웃음으로 대할 수 있다면 이 또한 대단한 일이라는 생각을 합니다. 선행이란 거창한 것이 아닙니다. 따뜻한 웃음으로 타인을 대하는 것을 자신의 자연스러운 습관으로 만들 수 있다면 복도 절로 굴러들어올 것입니다.
 그리고 좀더 근본적으로, 인상이란 결국 그 사람의 내면세계입니다. **겉으로 보이는 부분이 인상이고, 안에 숨겨진 부분이 내면세계인 것이죠. 거만하지 않게, 부드럽게, 아름답게, 성실하게 자신의 내면세계를 갈고 닦는 노력을 해야 합니다.**

그러지 않으면 아무리 멋진 이목구비를 갖추고 있다 해도 무성한 잡초가 자라듯 탐욕, 질투, 시기심, 불쾌함 등이 얼굴에 덕지덕지 묻어나게 됩니다.

지금 자신이 타인의 눈에 어떻게 비치고 있을지 한번 생각해 보세요. 그리고 오늘부터는 조금 더 웃어보세요. 여러분의 하루가 밝아지고, 그 미소를 받는 누군가의 하루도 밝아질 것입니다.

Story 56
어느 초등학생의 이웃 사랑

지난 5월 중국 쓰촨 성의 지진 피해는 정말 '참담함'이란 단어로밖에는 표현할 수 없을 정도로 심각했습니다. 마침 오늘 저는 큰아이와 저녁을 먹으면서 이런 이야기를 나누었습니다.

"이웃 나라끼리는 이따금 다툴 때도 있고 의가 상할 때도 있다. 그러나 땅덩어리를 옮길 수 없다면 가능한 한 잘 지내기 위해 노력해야 한다. 잘 지내는 건 그냥 되는 것이 아니라 서로 노력을 할 때만 가능한 일이다. 아빠가 만일 언론사 CEO라면, 민간 차원에서 중국을 도울 수 있는 방법을 좀더 적극적으로 찾아보았을 것 같다. 철두철미하게 민간 차원에서 '우리의 이웃, 중국의 아픔을 함께 나눕시다'라는 캠페인을 벌이면 어떨까? 국가 차원에서 얼마간의 돈을 내놓기보다는 이런 방법이 훨씬 좋을 텐데.

모든 인간관계가 그렇듯이 이웃 나라 사이에도 어려울 때 서로 힘이 되어주려고 노력하는 것은 서로 관계가 악화되었을 때를 대비하는 좋은 준비가 될 텐데, 이런 문제를 심각하게 생각하는 사람들이 많지 않은 것 같다."

　당시 어떤 보도를 보니 초등학생 두 명이 부산의 중국 총영사관을 찾아가서 용돈 10만 원과 중국어로 쓴 격려의 편지를 전달했다는군요. 생각 없는 어른들보다 아이들이 훨씬 낫다는 생각이 들었습니다.

　"두 명의 한국 초등학생은 엄마와 함께 15일 오전 부산 중국 총영사관 비자 발급처에 '지진 대참사 현장의 어린이들에게 전해달라면서 10만 원이 담긴 봉투를 건넨 후 사라졌다. 이들 초등학생들은 또 지진 참사 희생자들에게 중국어로 위문편지까지 보냈다.

　… 이들이 구조 성금으로 낸 10만 원은 부모님이 주는 용돈을 조금씩 모은 것으로, 지진이라는 재난 속에서도 훈훈한 감동을 느끼게 했다. … 한 네티즌은 이에 대해 '모국이 아닌데도 특별히 관심을 보여줘서 놀랐다'면서 '그들의 행동은 13억 중국인들을 감동시켰다'며 감격해했다." 《뉴시스》, 2008. 5. 16)

　꼭 그런 일들을 방송이 나서서 할 필요가 있을까 하고 생각할 수도 있습니다. 하지만 이따금 우리는 곤궁에 처한 이웃을 돕고 그들이 고난에서 다시 일어설 수 있도록 힘과 감동을 전해야 할 때가 있습니다. **그런 기회가 자주 찾아와서는 안 되겠지만, 그렇게 상대방을 도울 기회가 왔을 때 놓치지 않는 것도 현명한 사람들이 취할 태도가 아닐까 합니다.**

　책임질 수 있는 자리에 있는 분들이 조금 더 깊게 생각하고 행동에 나섰으면 하는 아쉬움이 듭니다.

Story 57

'공부하거나 존재하지 않거나'

『공부의 즐거움』이란 책을 읽다가 '공부하기'라는 제목이 떠올라서 잠깐 글을 씁니다.

오늘 저는 강연이 없습니다. 하루 종일 글을 쓰고 읽으면서 생활할 수 있는 드문 날이지요. 헐렁한 옷을 입고 책상에 앉아서 원고를 쓰다가 지치면 잠시 바닥에 누워서 글을 읽고, 줄을 치고, 상상을 해보고…… 그러다 보면 어느새 하루해가 저무는 시간이 됩니다.

저는 참 멋진 직업을 가지고 있다고 생각합니다. 바로 지식을 만들어내는 일이기 때문이지요. 이를 위해서는 다른 사람들로부터 끊임없이 새로운 지식과 정보를 흡수해야 합니다. 그래서 저는 틈만 나면 책을 읽고 공부를 합니다. 처음에는 제 분야를 중심으로 좁게 읽었지만, 이제는 정말 거의 모든 분야의 책을 다 읽습니다. 호기심이 생기는 것이라면 어떤 분야든, 어떤 내용이든 다 읽으려고 하지요.

사실 책 읽기는 제게 공부이기도 하지만 유일한 취미이기도

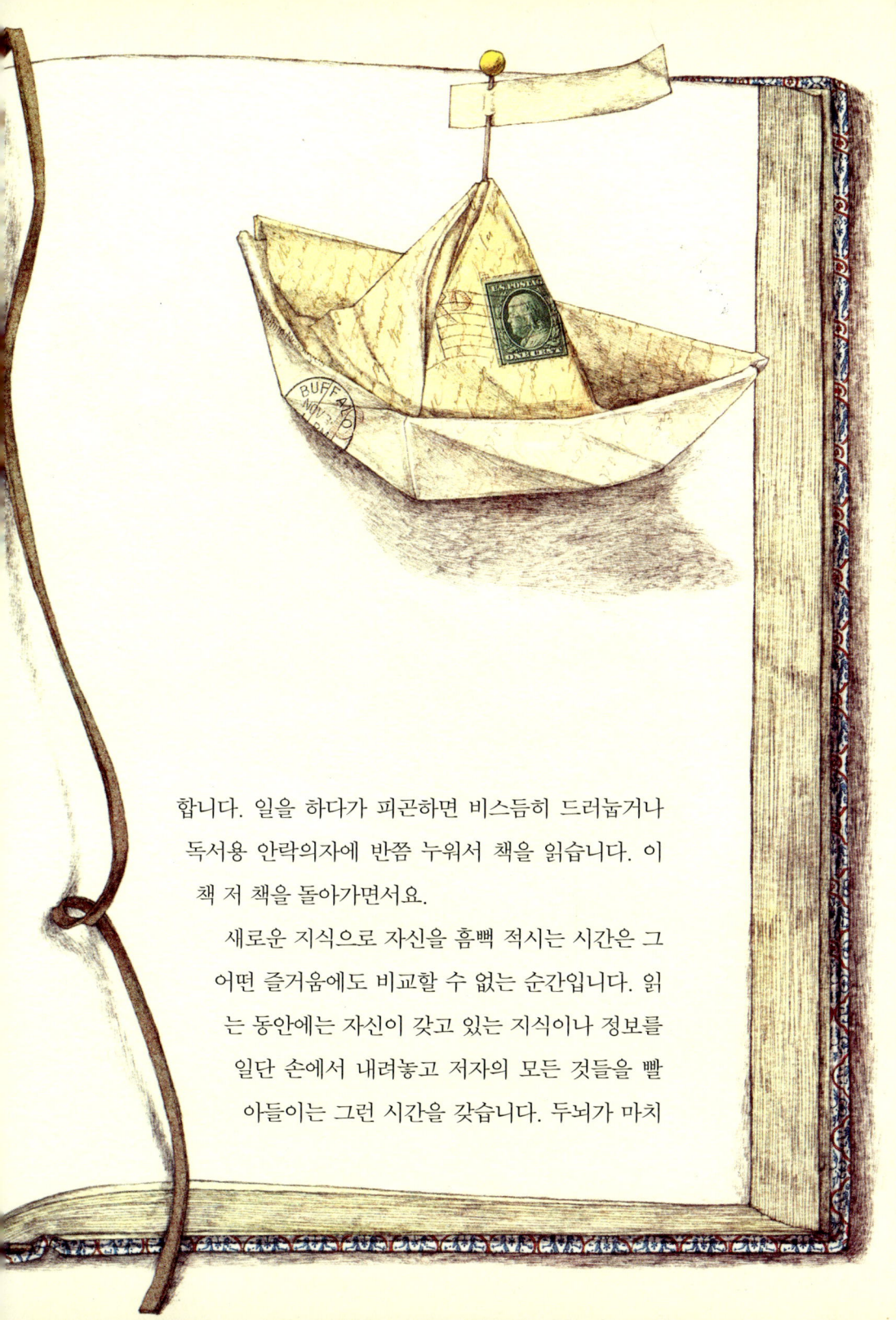

합니다. 일을 하다가 피곤하면 비스듬히 드러눕거나 독서용 안락의자에 반쯤 누워서 책을 읽습니다. 이 책 저 책을 돌아가면서요.

    새로운 지식으로 자신을 흠뻑 적시는 시간은 그 어떤 즐거움에도 비교할 수 없는 순간입니다. 읽는 동안에는 자신이 갖고 있는 지식이나 정보를 일단 손에서 내려놓고 저자의 모든 것들을 빨아들이는 그런 시간을 갖습니다. 두뇌가 마치

지식과 정보로 샤워를 하는 듯한 그런 기분이 들기도 하지요. 이렇게 흠뻑 지식의 바다에 빠질 때면 나이를 잊고 그냥 열심히 배우는 학생이라는 생각이 듭니다.

그런 순간이면 두뇌 속에 광대한 지평이 펼쳐지고, 가슴은 꽉 찬 기분을 느끼게 됩니다. 그렇게 20분, 30분쯤 책을 읽다가 10분쯤 졸면 거의 피로가 풀리죠. 그리고 그 순간만큼은 정말 행복하다는 생각이 듭니다. 그렇게 저는 휴식을 취합니다.

이렇게 반복하다 보니 어느새 공부하는 일은 제 삶의 자연스러운 부분으로 자리를 잡았습니다.

무언가를 읽고 새로운 것을 깨우쳐가는 것은 실용적인 이익이 따르지 않더라도 참 유익한 활동입니다. 그런 배움을 통해서 좀더 성숙한 인간으로 성장하는 것이니까요. 그래서 세상에는 배워서 하루하루 성장하는 사람이 있고, 배우지 않고 하루하루 퇴보하는 사람이 있지요.

『공부의 즐거움』이란 책에 인상적이고 공감 가는 대목이 있어서 옮겨 봅니다. 유명한 고전평론가 고미숙 씨가 '공부하기'에 대해 논한 부분입니다.

"연구실의 이웃이자 큰집이기도 한 가산불교문화연구원의 지관 큰스님은 이렇게 말씀하신다. '불교에 외부란 없다. 따라서 불교에서 개종이란 자비심을 잃는 것을 뜻할 뿐이다.' 어설픈 모방이지만 나도 이렇게 말하고 싶다. '공부에 외부란 없다. 공부는 원초적 본능이자 삶의 모든 과정'이라고. 그리하여 세상에는 두 가지 선택만이 있을 뿐이라고. '공부하거나 존재하지 않거나!'"

'공부하거나, 존재하지 않거나!' 여러분은 어느 쪽을 선택하시겠습니까? 오늘 하루도 열심히 배우며 존재하는 시간 가지시길…….

Life Skill 5

감동 있는 만남이 일상을 바꾼다

살아가면서 감동과 즐거움을 느끼는 순간은 아주 우연하게 찾아옵니다. 그런 순간순간들을 탁 잡아서 잠시 자신 곁에 머물게 하는 것도 하나의 좋은 습관이지요.

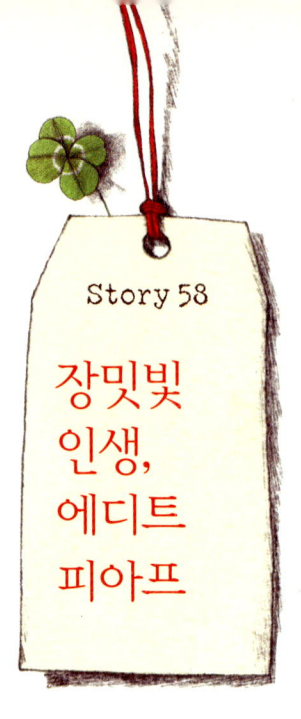

Story 58
장밋빛 인생, 에디트 피아프

얼마 전, 프랑스의 국민 가수였던 에디트 피아프의 파란만장한 일대기를 그린 영화 〈라 비 앙 로즈(*La Vie en Rose*, 장밋빛 인생)〉를 보았습니다. 오랜만에 본 프랑스 영화인데, 무척 감동적이더군요.

1915년에 나서 1963년에 세상을 떠난 에디트 피아프의 삶의 역정이 여배우의 훌륭한 연기로 재연되고 있었습니다. 이 집 저 집 전전하다 서커스를 하는 아버지를 따라 다니던 어린 시절, 거리에서 노래를 부르며 살아가던 시절, 그러다가 카바레 주인 루이 르플레의 눈에 띄어 시작한 카바레 가수 생활, 뒤이어 작곡가 레이몽 아소에게 발탁되어 최고의 가수가 된 기적 같은 일, 권투선수 마르셀 세르당과의 사랑과 마르셀의 비극적 죽음, 이후 마약과 술에 젖어드는 생활, 재기를 위한 몸부림, 그리고 죽음…….

좀더 자신을 절제할 수 있었다면 48세의 젊은 나이로 떠나지 않고 더 오랫동안 활동할 수 있었을 텐데, 하는 아쉬움이 들었습니다.

그녀가 진정으로 사랑한 유일한 남자인 권투선수 마르셀 세르당이 비행기 사고로 갑작스럽게 세상을 떠나면서 에디트는 급속히 허물어지더군요.

그래서 마르셀 세르당이란 사람에 대해 검색을 해보았습니다. 세르당은 권투가 최고의 인기를 누리던 1940년대에 프랑스의 국민적 영웅이었던 사람입니다.

그런 그가 1949년에 미국에서 에디트 피아프를 만나러 프랑스로 오던 중 비행기 사고로 요절을 하고 맙니다. 연인을 만나러 바다를 건너오다가 비행기 사고로 세상을 떠나다니, 참으로 가혹한 운명이라는 생각이 들었습니다. 마르셀 세르당에게도, 에디트 피아프에게도.

하지만 그 순간 "평생 한 번이라도 진정한 사랑을 받아본 연인들은 결코 외롭지 않다"는 시오노 나나미의 말이 떠오르기도 했습니다. 가혹하게 막을 내린 사랑이지만 에디트는 그 사랑의 추억이 있었기에 덜 외로웠을 수도 있겠지요.

영화의 마지막에는 〈난 아무것도 후회하지 않아(*Non, Je Ne Regrette Rien*)〉라는 노래가 나오는데, 생의 마지막 순간이면 저런 느낌이 들까

하는 생각에 가슴 뭉클했습니다.

〈라 비앙 로즈〉. 여러분도 기회가 되면 한번 보시기 바랍니다. 예술가이자 사랑을 꿈꿨던 한 여인의 삶에서 여러 가지를 느끼실 수 있을 테니까요.

"평생 한 번이라도 진정한 사랑을 받아본 연인들은 결코 외롭지 않다"는 말이 떠오르기도 했습니다. 가혹하게 막을 내린 사랑이지만 에디트는 그 사랑의 추억이 있었기에 덜 외로웠을 수도 있겠지요.

Story 59

"Are you ready?"

제프 호스테틀러라는 풋볼 선수가 있었습니다.

그는 1984년 NFL 드래프트의 세 번째 라운드에서 뉴욕 자이언츠에 뽑혔습니다. 하지만 그에게는 당시에 한창 주가를 올리던 필 심스의 백업 선수 자리가 주어지게 되었습니다. 특별한 행운이 주어지지 않는 한 그가 주전이 될 가능성은 매우 희박해 보였습니다.

하지만 그에게도 행운을 가져다준 우연한 기회가 나타납니다. 1990년 12월 15일, 선발 쿼터백인 필 심스가 경기에서 부상을 입게 되지요. 드디어 '벤치'에 있던 제프의 차례가 오고, 이 기회를 멋지게 이용해서 그는 자신의 인생을 역전시키게 됩니다.

그는 주전 쿼터백으로 자이언츠가 슈퍼볼 챔피언이 되는 데 수훈을 세웁니다. 1991년 여름 시즌 동안 그는 과거의 쿼터백인 심스와 경쟁해서 당당히 그 자리를 차지하지요. 2008년 ESPN은 그를 역대 쿼터백 가운데 30위로 올려놓을 정도로 후한 평가를 내립니다.

그가 백업 쿼터백으로 기회를 잡기 위해 노력하는 7년 동안을 지그

지글러는 최근작 『정상을 넘어서』에서 이렇게 묘사하고 있습니다.

"그는 사이드라인을 어슬렁거리며 선발 쿼터백인 필 심스의 플레이를 관찰했다. 그리고 필 심스가 수비에서 놓친 부분이 있으면 타임아웃이나 하프타임 휴식 때 일러주었다. 간단히 말해 그는 노련한 팀플레이어였다. 7년의 기간 동안 제프는 흔들리는 타이어 구멍 사이로 수천 번 공을 던졌다. 셀 수 없이 많은 연습 게임에서 와이드 리시버, 러닝 백들과 뛰면서 기술을 갈고 다듬었다. 엄청난 무게를 들어 올렸고, 수백 번 팔굽혀펴기와 윗몸일으키기를 했고, ……수백 시간 동안 눈이 빠지도록 플레이북을 들여다보았고, 자신의 공격과 수비뿐 아니라 상대편 수비까지 연구했다."(『정상을 넘어서』, 48~49쪽)

"Are you ready?"

인생의 묘미는 바로 그 점에 있지요. 늘 준비가 되어 있는가 하는 점입니다. 인생에서 큰 행운을 바라는 사람은 요행에 의지합니다.

하지만 정말 성공을 이루는 사람은 그런 것에 기대는 대신, 오로지 지금 이 순간에 집중해 연습, 연습 또 연습에 의지하지요. 그런 연습이야말로 언젠가 꿈의 성취로 향하는 조그만 덧문을 열어줄 수 있습니다.

일생일대의 기회는 아주 우연하게 찾아옵니다. 고대하던 기회가 눈앞에 찾아왔을 때 '그동안 나는 이 순간을 간절히 기대해 왔어. 이제 내 차례야'라고 말하며 즉시 행동으로 옮길 수 있는 사람이 인생의 진정한 승자가 됩니다. 늘 준비해야 합니다. 연습을 실전처럼 말입니다.

Story 60

앙코르!
자니 캐쉬

어제 영화를 한 편 보았습니다. 2003년 9월 12일에 사망한, 미국 컨트리 뮤직의 아이콘 가운데 한 명이었던 자니 캐쉬의 일생을 극화한 영화였습니다. 원제는 〈Walk the Line〉이고, 우리나라에서는 지난해 3월 〈앙코르〉라는 제목으로 개봉되었죠.

자니 캐쉬는 미국 아칸소 주의 농촌에서 성장했습니다. 킹스랜드라는 마을이었지요. 덕분에 영화에서 1940~50년대 미국 시골의 풍경과 삶의 형편을 자세히 엿볼 수 있었습니다.

영화 초반에는 자니 캐쉬에게 큰 영향을 미친 형과의 에피소드가 많이 등장합니다. 어느 날 잠자리에서 어린 자니가 형에게 묻습니다.

"형, 형은 어떻게 그렇게 잘해? 성경도 많이 외우고, 공부도 잘하고."

그러자 형이 이렇게 답하지요.

"자니, 너도 잘하잖아. 찬송가를 잘 부르잖아."

"찬송가는 쉽잖아."

"그렇지 않아. 나한테는 어려워. 너도 정말 잘해."

형제는 소년기에 어려운 집안 형편을 돕기 위해 농사도 거들고 아르바이트도 합니다. 낚싯대를 손끝에 세우는 장난을 치며 아득하게 펼쳐진 길을 걸어가는 형제를 보면서, 바다가 훤히 내려다보였던 제 유년기의 고향 마을을 떠올리기도 했습니다.

어느 날, 형과 자니는 아르바이트가 끝나면 낚시를 하러 가기로 약속을 하지요. 그런데 형의 일이 늦어지자 동생이 먼저 낚시를 갑니다. 하지만 1달러를 더 벌기 위해 드릴을 이용해서 나무를 자르던 형은 사고로 그만 죽음을 맞습니다. 자니는 한순간에 자신의 우상이자 정신적 지주였던 형을 잃어버린 것입니다.

1950년대 미국은 풍요로움을 구가하던 나라였습니다. 그러나 시골의 형편은 그저 그랬습니다. 영화를 보면서 여러 가지 생각이 들더군요. 자니 캐쉬에 대한 기록을 보면 미국 대공황기의 궁핍함이 그의 노래와 인생에 깊은 영향을 미쳤다는 내용이 나옵니다.

그가 처음 취입한 〈헤이 포터(Hey Porter)〉와 〈크라이 크라이 크라이(Cry Cry Cry)〉라는 노래가 알려진 것은 1955년의 일이지요. 후에 〈펄섬 프리즌 블루스(Folsom Prison Blues)〉와 〈나는 길을 따라가네(I Walk the Line)〉는 각각 빌보드 차트 5위와 1위에 오를 정도로 대히트를 기록합니다.

그러나 그의 경력이 이륙하기 시작하던 1960년, 그는 우연히 동료들의 권유에 따라 마약에 손을 대기 시작합니다. 친구가 '엘비스 프레슬리도 한다'는 식으로 마약을 권하더군요. 집을 떠나 오랜 시간 전국을 도는 쉽지 않은 생활에다 아내와의 불화가 겹쳐지면서 그는 점점 더 마약에 깊이 빠져들게 됩니다.

그 장면을 보면서, '명성을 관리하는 방법'을 떠올렸습니다. 정상에 올라가는 일도 힘들지만, 정상에 섰을 때 그것을 어떻게 관리해 나가느냐가 무척 중요하지요.

자니 캐쉬는 사람들이 몰락에 이르게 되는 전형적인 길을 걸어갑니다. 더 좋은 것, 더 새로운 것, 더 멋진 것, 더 자극적인 것을 찾으면서 추락하게 되지요. 영화를 보는 내내 '아니 그렇게 어렵게 정상에 섰는데, 왜 저런 실수를 하게 될까?'라는 안타까운 생각이 머리를 떠나지 않았습니다. 그리고 그가 반드시 재기하기를 바랐습니다. 인생을 그리 허무하게 끝내선 안 된다는 생각 때문이었지요.

자니 캐쉬가 그의 가능성을 일찍부터 알아보고 마지막까지 성원을 아끼지 않았던 유명 가수이자 작곡가 준 카터와 결혼하는 해가 1968년입니다. 그리고 그는 재기에 성공합니다. 마약의 늪을 벗어나서 재기하는 대목이 무척 인상적이었지요.

두 사람은 역대 어느 가수보다도 오랫동안 활동했습니다. 준 카터와 결혼한 후, 1997년에 투어 공연을 마칠 때까지 자니 캐쉬는 무려 35년간 공연을 했습니다. 그렇게 음악적 동료이자 인생의 동반자였던 아내가 2003년 세상을 떠나자, 4개월 후에 그 역시 죽음을 맞습니다.

참 감동적인 영화였습니다. 특히 자기관리의 중요성에 대해서, 그리고 상대방에게 영감을 주고 상대방을 높이 날아오를 수 있게 해주는 관계에 대해서 여러 가지 생각을 할 수 있었습니다.

지금 저는 자니 캐쉬의 대표곡 가운데 하나인 〈황금의 심장(Heart of Gold)〉을 들으며 영화의 여운을 다시 느끼고 있습니다. 여러분께 이 가슴 가득한 감동을 전하고 싶네요.

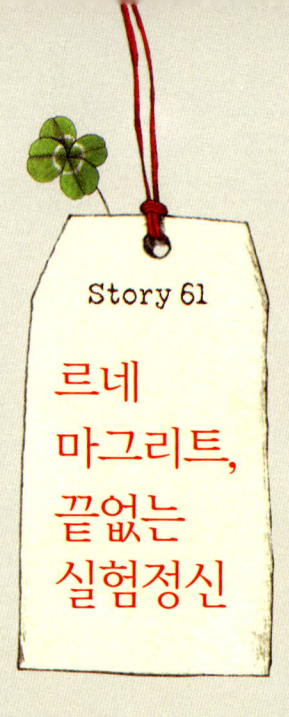

Story 61

르네
마그리트,
끝없는
실험정신

어제는 날씨가 아주 좋았습니다. 강의를 마치고 아내와 함께 덕수궁 돌담길을 걸어서 '르네 마그리트 전(展)'에 다녀왔습니다. 전시 마감이 며칠 안 남아서 놓치면 안 될 것 같다는 생각에, 강연 다녀오는 길에 바로 시내에서 아내와 만나 전시회로 향했습니다.

르네 마그리트는 초현실주의 화가의 한 사람으로, 1898년 벨기에서 태어나 1967년에 세상을 떠났습니다. 약간의 기이함, 독특함, 유쾌함, 감탄 같은 감정을 불러일으킬 수 있는 화가이기에 다른 어떤 전시회보다 성황을 이루지 않았을까 싶습니다. 전시 기간을 2주나 연장했다고 하는데, 이런 경우는 드물지요.

르네 마그리트의 작품들은 자유, 환상, 관습적인 사고의 거부, 도전, 창조, 기존 질서의 일탈, 벽을 넘어서, 환상의 세계로, 기발함 등의 단어들을 우리에게 제시합니다.

그의 그림들은 전혀 엉뚱한 사물이나 배경을 제시함으로써 보는 사람들에게 다소의 황당함을 안겨주지만, 그것은 곧바로 신선함을 느끼게 하며 자신이 고정된 이미지를 갖고 살아왔구나 하는 깨달음을 던져줍니다. 미술평론가 이주헌 씨는 이렇게 그의 작품을 평합니다.

"마그리트는 데페이즈망(depaysement)이라는 기법을 즐겨 사용했다. 데페이즈망이란 '어떤 대상을 일상적인 환경에서 떼어내 이질적인 환경에 놓음으로써 기이하고 낯선 상황을 연출하는 것'을 말한다. 데페이즈망은 일단 고정관념과 상식으로부터 벗어나게 만듦으로써 관객에게 새로운 상상의 지평을 열 기회를 제공한다. 일탈의 충격이 없는 상상은 진정한 상상이 아니다." (SERICEO 《미술가 산책》)

예를 들어 큰 화폭에 나무의 굵직한 뿌리가 놓여 있습니다. 뿌리의 위쪽에는 오래된 성채가 자연스럽게 연결되어 있습니다. 어울리지 않는 사물을 함께 배치하는 기법이지요. 우리가 갖고 있는 고정적인 이미지, 고정관념은 어떻게 바라보느냐에 따라 얼마든지 신선함으로 바꿀 수 있음을 가르쳐주는 멋진 작품들입니다.

세계적인 화가로 성공했지만, 르네 마그리트가 처음부터 길을 제대로 찾았던 것은 아닙니다. 생활비를 벌기 위해서 가구와 벽지 디자이너로 일하기도 했고, 전람회 광고를 제작해 주기도 했다고 합니다.

3전시실에 소개된 벽지와 전람회 광고를 보면서, 이렇게 수많은 습작이 있었기에 그의 기량이 탄탄해질 수 있었고, 이런 노력들 때문에 대가가 되는 행운을 누릴 수 있었다는 생각이 들었습니다.
　작가의 나이가 58세 되던 1956년에 그는 카메라를 구입해서 아마추어 영화 촬영을 시작합니다. 이렇게 작가든 화가든 끊임없는 청년 정신을 가지고 자신의 세계를 쉼 없이 개척해 가야 합니다. 과거를 복제하지 않고 새로운 세계를 개척해 나가는 정신 말입니다. 사업가도 마찬가지겠지요.
　그림 전시회였지만 단지 그림만을 감상한 것이 아니라 작가의 삶을 통해 제 삶을 돌아볼 수 있었던 멋진 만남이었습니다.
　여러분도 이번 주말에 좋은 전시회를 한번 찾아보시는 건 어떨까요?

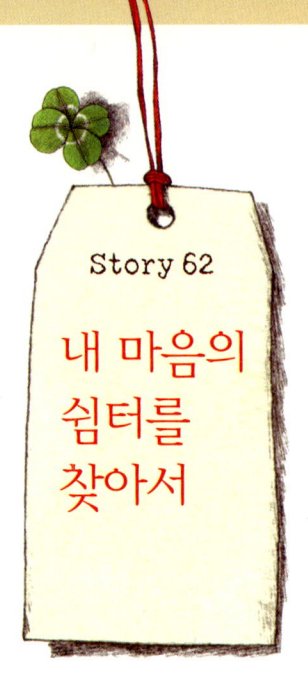

Story 62

내 마음의 쉼터를 찾아서

어제는 수원의 용주사에 다녀왔습니다. 그 근처에서 강연이 있었거든요. 강연을 끝내고 돌아오는 길에 잠시 짬을 내서 평소 좋아하는 절인 용주사에 들렀습니다. 운이 좋게도 초파일 전날이라서 화려한 연등의 물결을 볼 수 있었습니다.

용주사는 벤처사업에 뛰어들어 고생을 심하게 하던 시절 마음을 추스르기 위해 찾으면서 인연을 맺은 곳입니다. 절에 가면 지나간 시간 동안 경험했던 여러 가지 일들이 떠오르기도 하고, 긴 세월 속에 인간의 부, 명성, 권세가 얼마나 덧없고 작은 것인가를 느낄 수 있습니다. 그래서 저는 이따금 절에 가고 싶어지는데, 시간을 만들기가 쉽지 않네요.

그래도 서울 근교에 있는 용주사는 그동안 서너 번 정도 들렀는데, 매번 다른 모습입니다. 자신이 어떤 마음 상태인지에 따라 같은 사물이나 현상도 전혀 다르게 보이게 마련이어서 그런 걸까요.

질주하듯 뛰어가던 30대를 지나 이제 곧 50을 바라보면서 이따금 주변을 둘러봅니다. 자신이 가진 것에 감사하고, 처음 시작할 때의 어려웠던 시절을 잊지 않기 위해 나름대로 여러 가지 노력을 하는데, 그런 노력에 힘을 보태줄 수 있는 곳이 저에게는 바로 절입니다.

용주사는 들어가는 입구부터 무척 아름답습니다. 한꺼번에 모든 것을 공개하지 않고 완만한 곡선을 따라 조금씩 일주문과 대웅전에 다가서게 하는 구조에서 조상들의 차분하고 섬세한 숨결을 느낄 수 있습니다.

용주사는 뒤주에 갇힌 채 죽음을 맞이했던 사도세자의 영혼을 기리기 위해 정조가 지은 절입니다. 그래서 효심과 깊은 인연이 있는 곳이지요. 그래서인지 가버린 부모님을 생각하게 되는 곳이기도 합니다.

돌아가신 저의 부모님은 칠남매를 두셨습니다. 저는 그중 막내이고요. 어린 시절 시주돈을 들고 절에 심부름 갔던 기억도 나네요. 시주를 들고 산길을 걸어가서 방문하곤 했던 절은 통영의 관음사로 기억합니다. 지금 가보면 그렇게 험한 곳이 아닌데, 어린 시절에는 아득하게 멀고 깊은 곳으로 느껴졌습니다. 관음사는 통영항이 저 아래로 내려다보이는 미륵산 중턱에 있습니다. 지금 가보아도 아름다운 곳이지요.

절을 찾을 때마다 제대로 살아야겠다는 생각을 합니다. 그리고 찰나처럼 스쳐 지나가는 것에 인생을 낭비해서는 안 되겠다는 다짐도 하고요. 어떤 스님들께서는 '내 마음이 법당'이라는 말씀들을 하시더군요.

저처럼 산 속의 절에 들르지는 못하더라도 조용히 마음속 법당에 들러 의미 있는 시간을 보내시기 바랍니다.

Story 63
영월, 단종의 흔적

　얼마 전에 강원도 영월군에 강연차 다녀왔습니다.
　지금은 교통이 편리해지긴 했습니다만 영월하면 왠지 아주 먼 곳처럼 느껴지지 않습니까? 단종이 유배를 가서 사약을 받고 숨졌던 슬픈 역사를 간직한 고장이기도 하고, 아름다운 동강으로 유명한 곳이기도 하지요.
　가는 길은 영동고속도로를 타고 가다가 중앙고속도로를 거쳐서 제천부터 영월까지는 도시고속도로를 타고 가면 됩니다. 2시간 30분 남짓 걸렸습니다. 정말 도로 사정이 좋았습니다. '대한민국 많이 발전했다'는 말이 절로 나오더군요.
　그날 방문에서 특히 인상적이었던 것은, 군수님이 양복을 입지 않고 화사한 작업복을 입고 계시던 점이었습니다. 여러 지자체를 다녀보았지만 작업복 차림으로 강연을 듣는 분은 처음이었습니다. 기관장이 그런 모습으로 다니는 것도 좋다는 생각을 했습니다. 그만큼 현장에서 함께 뛰고 있다는 의미일 테니까요.

강연에 들어가기 전에 영월문화원에서 원장님을 뵈었습니다. 저는 어디를 가든 궁금한 것이 많아서 늘 질문이 끊이질 않는 편입니다. 나이 드신 원장님께 단종에 대한 질문을 드렸습니다.

조선 6대 왕인 단종은 삼촌인 세조에 의해 노산군으로 강등되어 영월의 청령포에 유배를 당했지요. 2개월간 청령포에 머물다가 홍수 때문에 영월 객사의 동헌 건물인 관풍헌으로 옮겨 기거했고, 세조 3년 1457년 사약을 받고 죽임을 당했습니다.

그런데 그때 단종과 함께 영월에 온 사람이 궁녀 세 명과 단종을 키운 궁녀가 보낸 세 명의 무녀였다고 합니다. 단종이 죽음을 맞은 후 이 여섯 명은 시내에서 조금 떨어진 낙화암에서 몸을 던져 스스로 죽음을 맞았다고 하네요.

이런 이야기를 들려주시다가 문화원 원장님이 조그만 수첩을 한 권 자랑스럽게 보여주시더군요.

"공 박사님, 이것 한번 보세요. 서울과 경기도를 벗어나서 왕릉이 있는 유일한 곳이 바로 영월입니다. 장릉이지요. 단종은 17세가 되던 1457년에 죽임을 당하고 시신이 동강에 버려졌는데, 엄홍도라는 의인이 목숨을 걸고 시신을 거두어서 지게에 매고 산길로 도망을 갔습니다. 한참 가다가 잠시 쉬고 있는데 눈이 내리기 시작했다지요. 다시 일어서서 걸음을 재촉하지만 발걸음이 떨어지지 않았는데, 그때 마침 노루가 앉았다가 간 곳에만 눈이 없어서 그곳에 시신을 묻었다고 합니다. 바로 그곳이 오늘의 장릉이지요. 산 높은 곳에 무덤이 있기 때문에 다른 왕릉과 달리 제사를 지내는 정자각으로부터 무덤이 보이지 않는 유일한 왕릉입니다."

그 수첩의 이름은 『조선왕릉 답사수첩』, 발간처는 문화재청이었습니다. 각 왕릉의 지도와 답사 포인트를 정리한 수첩을 만들어서 4천 원에 판매하는 것이었습니다. 혁신적인 작품이더군요.

마침 집 부근에 능들이 여럿 있어서 차근차근 방문해 봐야겠다고 생각한 적이 있었습니다만, 딱히 행동에 옮기지 못하고 있다가 이렇게 멋진 책을 만나게 되었습니다. 제가 하도 좋아하니 원장님께서 감사하게도 그 수첩을 제게 선물로 주셨습니다. 돌아오는 내내 보고 또 보고 했지요. 지금도 책상 앞에 두고 있습니다.

그런데 영월에는 박물관만 열세 곳이 있더군요. 단종역사관, 영월책박물관, 난고 김삿갓 박물관, 국제현대미술관, 영월곤충박물관, 조선민화박물관, 호야지리박물관, 청전전각박물관…….

여러분도 시간 내서 영월을 한번 찾아보시기 바랍니다. 저는 이번에 아주 좋은 추억을 담고 돌아왔습니다. 이 땅에서 나고 성장하고 이렇게 살아갈 수 있는 것만으로도 이 땅과 저의 인연은 엄청난 것이죠.

언젠가 아내와 함께 우리나라 곳곳을 찬찬히 살펴보는 여행을 할 수 있으면 좋겠습니다.

Story 64
포항의 바닷가에서 일상의 쉼표를 찍다

살아가면서 감동과 즐거움을 느끼는 순간은 아주 우연하게 찾아옵니다. 그런 순간순간들을 탁 잡아서 잠시 자신 곁에 머물게 하는 것도 하나의 좋은 습관이지요.

며칠 전 포항의 한동대학교를 방문했을 때, 몇 분과 함께 식사를 했습니다. 대학교에서 10여 분 떨어진 곳에 있는 조그만 마을의 횟집에서 점심을 먹었지요. 그곳에서 근래에 가장 푸근한 기분으로 점심식사를 했던 것 같습니다. 정말 오랜만에 전어회를 먹을 수 있었으니까요.

여러분, 전어 아시지요? 저는 경남 통영 바닷가에서 나고 성장했기 때문에 전어회의 맛을 아주 잘 압니다. 그 맛이 최고일 때가 바로 이 즈음이죠.

바닷가의 횟집에 도착하자마자 저는 성큼성큼 바닷가로 다가섰습니다. 저 멀리 동해가 시원스럽게 한눈에 들어오더군요. 바다 특유의 냄새와 함께 말입니다.

2층 횟집에 앉았는데, 허리를 죽 펴고 앉으면 저 멀리 동해바다가 코

이렇게 잠시 짬을 내서 행복하고 유쾌한 시간을
가질 수 있음에 올라오는 내내 즐거웠습니다.
그런 시간은 이후의 시간을 더욱 씩씩하게 살아낼 수 있는
에너지가 되기도 하지요.

앞에 다가설 정도의 절경이었습니다. 음식도 맛있고, 대화도 유쾌하고, 바라보이는 바닷가 마을의 풍경도 금상첨화였으니, 얼마나 즐겁고 편안한 시간이었을까요?

바닷가 마을은 추억 속의 유년기를 떠올리게 했습니다. 자꾸 웃음이 나오더군요. 그 시절에는 아무런 걱정이 없지 않았습니까? 어항을 자꾸 들여다보면서 신기해하니까 동행한 한동대학교 교수님께서 이것저것 물어보시더군요.

바다 냄새, 물고기, 전어, 평화로운 정경들…… 참 즐겁고 유쾌한 시간이었습니다.

늘 일정이 빡빡하게 차 있고 써야 할 원고가 줄지어 기다리고 있지만, 이렇게 잠시 짬을 내서 행복하고 유쾌한 시간을 가질 수 있음에 올라오는 내내 즐거웠습니다. 그런 시간은 이후의 시간을 더욱 씩씩하게 살아낼 수 있는 에너지가 되기도 하지요.

아침에 한참 일을 하다가 그냥 넘기기 아까운 기억이어서 한 자 적어보았습니다. 비록 바닷가 어느 마을에 가볼 순 없다 하더라도 맛있는 것, 즐거운 것, 아름다운 것을 접하며 여러분의 일상에도 작은 쉼표를 한번 찍어보시기 바랍니다.

Story 65

구례,
인연의
소중함을
되새기다

야트막한 산, 여기저기 솟아 있는 무덤들, 그리고 짙은 녹음이 창가를 스쳐 지나가는 것을 보면서, '그 많고 많은 나라들 가운데 어떤 인연이 있어서 나는 이 땅에 태어났을까?' 하는 의문이 떠올랐습니다. '인연'이란 단어 외에 별다른 생각이 떠오르지 않았습니다.

여수 공항에 내려서 잘 닦여진 국도를 타고 구례로 이동하는 길에 떠오른 생각이었습니다. 구례에서 강연이 있어 아침 일찍 내려갔다가 저녁 늦게 올라왔거든요.

점심을 먹고 두 번째 강연이 시작되기 전에 운조루를 잠시 둘러볼 기회가 있었습니다. 1776년에 무관 유이주란 분이 지은 건물이라 하니 꽤 오래된 건물이지요. 10대 손의 며느님 되는 분이 설명을 해주시는데, 한국의 명택 세 곳 가운데 하나로 손꼽힌다고 합니다.

배산임수. 뒤로는 지리산 끝자락을, 앞으로는 섬진강을, 그리고 그 너머로 겹산들이 배치되어 있는 곳에 위치한 고택이었습니다.

강연을 모두 마친 뒤에는 잠시 짬을 내서 화엄사에 들렀습니다. 정말 큰 절이더군요. 그간 여러 차례 개보수가 이루어진 탓인지 예스러운 맛이 조금 가신 아쉬움이 있었습니다. 하지만 스님들의 손길이 곳곳에서 느껴질 정도로 절의 관리 상태는 최고 수준이었습니다.

화엄사 하면 떠오르는 정경은 화엄사 사사자삼층석탑과 각황전이지요. 사사자삼층석탑에 도착했을 때 몇몇 신도들과 스님이 탑 주변을 도는 의식을 진행하고 있었습니다. 이를 두고 아마도 '탑돌이'라고 하지요.

그런데 화엄사의 가람배치는 아주 독특합니다. 보제루 밑을 통과해야 대웅전이 나오는 다른 절과 달리 오른쪽으로 돌아서자마자 각황전과 대웅전이 활짝 펼쳐집니다. 조상들의 다채로운 미의식을 느낄 수가 있지요. 대한민국에서 난 큰 기쁨 중의 하나입니다.

각황전 계단을 오르는데, 연세가 50대 중후반 정도 되었을 법한 분이 인사를 하시더군요.

"어이쿠 공 박사님, 여기서 이렇게 만나 뵙게 되었네요. 저는 그동안 박사님께서 내신 책을 거의 다 읽었습니다. 정말 반갑습니다!"

오랜 해외생활을 마치고 귀국한 지인, 부인과 함께 나들이를 나오셨더군요. 각황전 오르는 계단에 서서 함께 사진도 찍고 잠시 담소를 나누다가 헤어졌습니다. 이 또한 귀한 인연이지요.

몇백 년 같은 자리를 지켜온 절을 천천히 둘러보면서, 문득 짧은 인간의 삶을 생각하게 되었습니다. 세상을 떠날 때 나는 무엇을 남기고 갈까? 남기고 가는 것도 세월과 함께 금세 잊혀지고 말겠지요.

절에 오면 이렇게 늘 삶의 유한함을 생각하게 됩니다. 유한하다고 해서 의미가 없는 것은 아니지요. 오히려 유한하기 때문에 더욱 충실하게 살아야겠다는 다짐을 하게 되니까요.

Life Skill 6

가족은 내 인생의 든든한 베이스캠프

부모란 영원히 함께하는 존재입니다. 수많은 책을 읽고 많은 사람들을 만났지만 부모에 대한 기억과 추억처럼 오래 함께하는 것은 없는 듯합니다. 누구에게나 부모의 삶은 가슴 아려오는 부분들이 많지요. 그분들의 희생이 있었기에 이렇게 우리가 편안하게 살아갈 수 있음을 늘 명심해야 합니다.

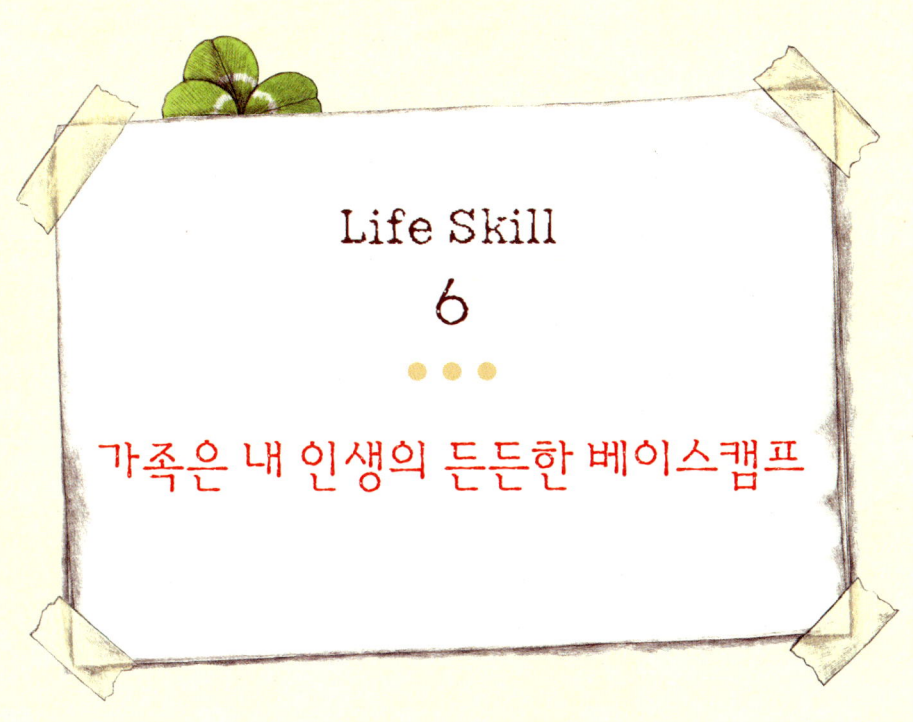

Story 66

아버지의 바다

새벽에 책을 쓰다가 우연히 '이순신이 싸운 바다 한려수도 여행'이란 이름이 붙은 어느 분의 블로그를 보게 되었습니다. 그곳에는 멸치잡이에 대한 글과 작업 장면을 담은 생생한 사진들이 가득했습니다. 블로그를 둘러보는 내내 참으로 반가웠습니다. 저는 통영에서 멸치잡이를 하던 집의 막내아들이거든요.

불현듯 돌아가신 아버지 생각이 났습니다. 아마도 저의 기억 속에 가장 많이 떠오르는 사람을 한 사람만 들라고 한다면, 저는 아버지라고 답하겠습니다. 이제는 돌아갈 수 없는 아득한 유년의 날들, 멸치잡이 배를 따라다니면서 보았던 고향 바다 이곳저곳의 풍광이 선명한 사진처럼 저의 가슴에 선명하게 담겨 있습니다.

부모란 영원히 함께하는 존재입니다. 수많은 책을 읽고 많은 사람들을 만났지만 부모에 대한 기억과 추억처럼 오래 함께하는 것은 없는 듯합니다.

이제 와서 생각해 보면, 쉽지 않은 시절 까마득한 시골에서 어떻게 칠남매를 먹이고 입히고 교육을 시킬 수 있었을까, 애절한 마음이 듭니다.

바다라는 무상한 존재를 상대로 평생 분투했을 아버지를 생각하면, 제가 살아가면서 겪게 되는 이런저런 노고는 아무것도 아니라고 반성하게 됩니다. 우리 앞 세대는 정말 힘들고 어려웠던 시절을 살아간 분들입니다. 하기야 이 땅에서 보통 사람들의 삶이란 것이 언제 편안했던 적이 있었던가요.

얼마 전 장인 장모님의 묘에 성묘를 갔을 때도 비슷한 생각이 들었습니다. 묘지를 방문할 때마다 묘지란 한편으로 살아 있는 사람들을 위한 공간이라고 생각하게 됩니다. 성묘란 것도 가버린 사람을 기억하고 살아 있는 사람들의 삶을 돌아보며 현재와 미래의 삶을 추스르고 각오를 다지기 위한 것이 아닐까 합니다.

누구에게나 부모의 삶은 가슴 아려오는 부분들이 많지요. 그분들의 희생이 있었기에 이렇게 우리가 편안하게 살아갈 수 있음을 늘 명심해야 합니다.

어디서 무엇을 하든지 간에 자신에게 주어진 삶이 그냥 주어진 것이 아니라 앞 세대의 커다란 희생 때문에 가능한 것이라는 생각을 한다면,

바다라는 무상한 존재를 상대로
평생 분투했을 아버지를 생각하면,
제가 살아가면서 겪게 되는 이런저런 노고는
아무것도 아니라고 반성하게 됩니다.

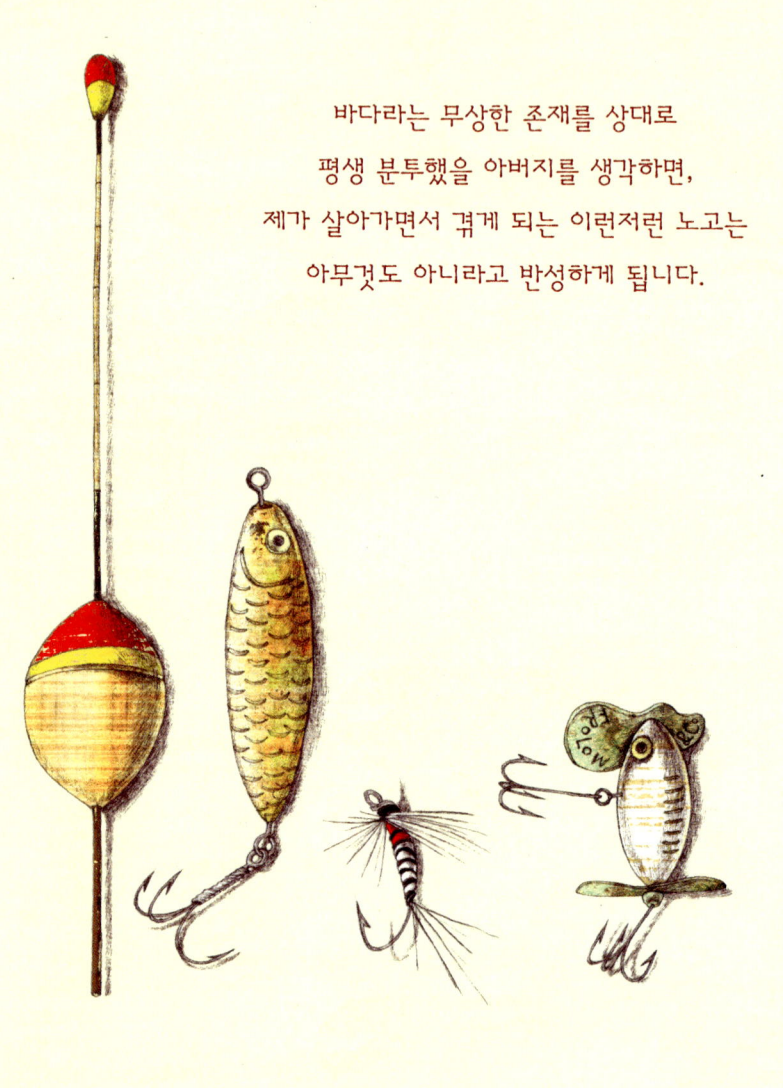

좀더 겸손해지리라 생각합니다.

또한 삶에서 만나는 갖은 역경이나 고난도 능히 견뎌낼 수 있지 않을까요? 그리고 좀더 열심히 살아갈 수 있지 않을까요? 게다가 부모가 어떻게 우리들을 키웠는가를 생각한다면, 늘 바른 길을 걸어갈 수 있지 않을까요?

인간은 망각의 동물이라 하지만 살면서 절대 잊어선 안 될 것들이 있습니다. 바로 부모님의 헌신과 사랑입니다. 서늘해지는 가을 저녁, 부모님께 따뜻한 전화 한 통 드리는 것도 괜찮겠지요.

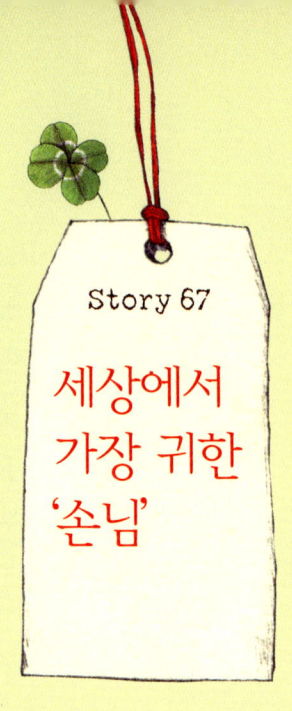

Story 67

세상에서 가장 귀한 '손님'

조금 전에 미국에서 공부하고 있는 막내아이가 전화를 했습니다.
"아빠 저예요. 별일 없으세요. 잘 지내시지요……?"

이렇게 아이와 통화를 할 때면 제가 대화를 맺는 말은 거의 비슷합니다. 마치 이런 문구가 머릿속에 입력되어 있어서 자동적으로 흘러나오는 듯합니다.

"즐겁고, 유쾌하게, 의미 있는 시간 보내라. 그리고 항상 최선을 다해라."

전화를 끊고 읽던 책을 다시 집어 들었는데, 불현듯 '자식이란 누구인가?'라는 생각이 떠올랐습니다.

자식은 꼭 '손님' 같다는 생각이 듭니다. 세상에서 둘도 없이 귀한 손님이지요. 온갖 사랑과 정성으로 보살피지만 숙명처럼 때가 되면 아이는 부모 곁을 떠나야 합니다.

저는 중학교 때부터 객지 생활을 했습니다. 제 아이들 역시 부모 슬하를 떠난 지가 벌써 7년 가까이 되어갑니다.

어릴 때야 부모 마음이 어떤 것인지를 알 수가 없지요. 저 역시 그랬습니다. 자신이 부모가 되어봐야 부모 마음을 안다는 이야기가 있지 않습니까? 자식을 키워가면서 저도 이제는 가버린 부모님 생각을 많이 하게 됩니다.

언젠가 최인호 씨의 『어머니』란 책을 읽으면서, 우리 부모님도 많이 외로웠겠구나 하는 생각을 했습니다. 저는 특별하게 외롭다거나 혼자라는 생각을 할 때가 별로 없습니다. 그래서 자식도 끼고 살기보다는 놓아서 키워야 한다고 생각하지요. '그는 그의 길을 가고, 나는 나의 길을 간다'는 정도로 말입니다. 어쩌면 좀 냉정하게 들릴지도 모르겠습니다.

그러나 저같이 '냉정한' 사람도 아이들이 많이 보고 싶을 때가 있습니다. 그래서 제 집필실에는 유난히 아이들의 어린 시절 사진이 많습니다. 아이들이 어려서 크레용으로 그린 그림들도 있고요. 그리고 아이들이 생각날 때면 메일을 씁니다.

부모 마음이란 아이들이 잘 커서 자신의 앞가림을 확실히 하고 멋진 인생을 살아가기를 바라는 마음, 그것뿐이지요. 그러나 아이들은 부모의 그런 마음을 저 깊은 곳까지 잘 알지는 못할 것입니다. 그들이 부모가 되기에는 아직 시간이 많이 남아 있으니까요.

문득 떠오른 부모와 자식에 대한 단상을 적어보았습니다.

오늘 하루도 편안하게 보내시길 바랍니다.

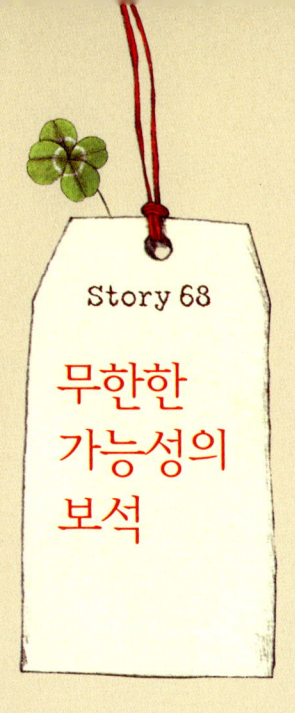

Story 68

무한한 가능성의 보석

오늘은 이번 주 중 유일하게 강연 스케줄이 없는 날이었습니다. 마음도 몸도 자유로움으로 가득 차 있지요. 덕분에 그동안 밀어두었던 개인적 일들을 한꺼번에 처리하고 있습니다.

오후에는 캐주얼한 옷을 입고, 모자를 쓰고, 차를 몰아 치과로 향했습니다. 막 치과에 도착할 무렵 큰아들이 전화를 했더군요.

막내의 고등학교 입학 문제를 두고 이야기를 나누었습니다. 그리고 본인의 진로에 대해서도 이야기를 나누었습니다. 진지하게 제 동생 걱정을 하는 모습이나, 하나하나 자기 진로를 찾아가는 이야기 속에서 더 이상 아이 같은 모습은 느껴지질 않았습니다.

어느새 아이들은 아버지와 동등하게 대화를 나눌 정도로 커버렸습니다. 지금도 저 역시 여느 아버지들과 마찬가지로 아이들이 잔소리라고 할 법한 이야기를 반복할 때도 있지만, 아이들을 대할 때는 늘 존중하려고 합니다.

저는 아이들이 아직 채 만들어지지 않은 무한한 가능성을 지닌 보석이라고 생각합니다. 그들의 가슴과 머릿속에 어떤 화학 반응이 일어나는가에 따라 삶을 다채롭게, 영광과 환희로 채워갈 수 있다고 믿기 때문입니다. 그렇기에 아이들의 머릿속에 부모란 이유로 나의 생각을 억지로 집어넣기보다, 그 아이들의 좋은 생각들이 잘 펼쳐질 수 있도록 최대한 존중하고 귀기울여주는 게 중요합니다.

우리 아이들이 훗날 아버지를 생각할 때도 그렇게 기억할 수 있기를 소망합니다. 저는 아이들을 어엿한 성인으로 대하고 있거든요.

아이들은 느낄 수 있을까요? 멀리 떨어져 있더라도 아버지가 항상 자신들을 생각하고 자신들을 위해 기도한다는 사실을 말입니다. 네, 사랑한다는 사실을요.

어느새 어둠이 짙게 깔렸네요. 이번 주에 저에게 주어진 딱 하루의 자유로운 날이 저물고 있습니다. 내일은 고등학생 자기경영아카데미가 있는 날입니다. 넘겨야 할 원고도 마무리해야 하고요. 하지만 모처럼의 달콤한 휴식이라 그런지 아이들 생각이 더 많이 나네요.

곧 일어나 러닝머신 위에서 잠시 운동을 할 예정입니다. 여러분도 분주한 가운데에도 여유 있는 저녁 보내시기 바랍니다.

Story 69

아버지가
해야 할
다섯 가지

　　며칠 전에 40대 전후의 중견 간부들과 함께 워크숍을 진행할 기회가 있었습니다. 마칠 즈음 몇 분이 질문을 던졌는데, 그 가운데 하나가 '아이들을 키우는 데 아버지가 해야 할 가장 중요한 역할이 무엇이라고 생각하십니까?'였습니다.

　아버지가 되면 좋은 것이든 나쁜 것이든 자신의 아버지로부터 배웠던 대로 하기도 하고, 나름의 경험에 비추어 행동하기도 합니다. 하지만 아버지가 어떻게 해야 하는가에 대해서 특별히 배우지는 않지요.

　그래서 평소 생각을 한번 정리해 볼까 합니다.

　모범 답안은 없겠지만, 저는 어떻게 해왔을까, 그리고 어떻게 해야 할까를 생각해 보면…….

　무엇보다도 엄마가 주로 사랑과 보살핌을 준다면 아버지는 세상살이에 대한 가치관과 비전을 보여줄 수 있어야 합니다. 특히 아버지는 열심히 살아가야 할 의욕과 자신의 삶이 다른 사람의 삶과 달라야 할 이유를 가르쳐야 합니다. 그냥 시간을 흘려보내는 것이 아니라, 시간을 잘 활용해서 자신의 삶을 더욱 높은 단계로 끌어올리도록 노력해야 하며, 이는 선택이 아니라 필수적인 일이라고 가르쳐야 합니다.

그 다음은 좋은 습관을 갖도록 훈련시키는 일입니다. '인성'은 습관의 산물이라고 보기 때문이지요. 식사 습관, 말하는 습관, 타인을 대하는 습관 등등. 아이들 나이에 이런 습관을 들이는 것이 쉬운 일은 아니겠지만, 자신의 삶을 규율하는 몇 가지 뚜렷한 습관이 몸에 배도록 해야 하지 않을까요.

그 다음은 어떤 자세와 마음가짐으로 세상을 살아가야 할지를 가르치는 일입니다. 이는 말보다는 아버지가 행동으로 보여줄 수 있는 일이겠지요. **무엇이라도 배우고 익히고 성장하려 노력하는 아버지를 보고 자란다면 아이들도 늘 배우는 자세를 갖출 수 있을 것입니다.** 자신은 최선을 다하지 않으면서 아이들에게 최선을 다하라고 요구할 수는 없는 일이지 않습니까.

그리고 가능하면 아이들과 친해질 수 있도록 노력해야 합니다. 아이들 세대는 무엇을 좋아하는지, 어떤 것들을 가까이하는지 등 아이들 세대를 이해하고 배우기 위해 노력하는 일도 반드시 필요합니다.

마지막으로, 아이들을 너무 자유롭게 키우기보다는 어느 정도 스스로 책임질 수 있는 나이가 될 때까지는 잔소리도 하고 금지도 해야 합니다. 그래서 지나치게 자유방임형 교육에 대해서 저는 반대입니다. 적당한 '절제'와 '규율'이 필요하지요.

'어떻게 자식을 키워야 하는가?'

부모라면 늘 고심하는 과제이지요. 여러분의 생각은 어떤지요?

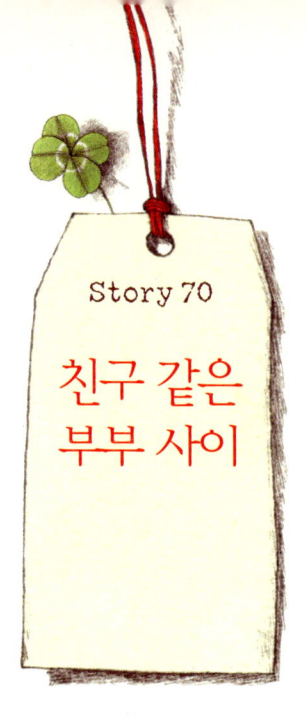

Story 70
친구 같은 부부 사이

차를 타고 가면서 차창 밖을 물끄러미 바라보는데, 무심코 부부의 인연이란 단어가 스쳐 지나갔습니다. 며칠 전에 들은 50대 연예인 부부의 이혼 소식 때문일까요.

우연과 필연이 적절히 조합되어 남녀가 만나 부부가 되고 가정을 이루는 것, 정말 큰 인연입니다. 그렇게 만난 부부가 수십 년을 별 탈 없이 살아가는 일이 쉽지만은 않겠지요. 그리고 '처음처럼' 세월과 함께 짙은 향기를 머금은 관계로 발전해 가는 일도 쉽지 않을 겁니다. 결혼생활에는 복잡다단한 사건들과 위기가 닥치게 되니까요.

삶이 그렇듯 결혼 역시 문제를 만나고 이를 해결해 가는 과정이 큰 비중을 차지합니다. 어떤 사람은 결혼을 상수로, 어떤 사람은 결혼을 변수로 생각하지요. 결혼을 변수라고 생각하는 사람들이 서로 맞지 않는다고 느끼면 헤어질 수 있다고 봅니다. 이를 두고 제3자가 이런저런 평을 내리기는 곤란하지요.

그럼에도 불구하고, 결혼생활을 오래 하다 보면 미운 정이든 고운 정이든 어느 누구도 훔쳐갈 수 없는 그들만의 역사가 만들어집니다. 그 과정에서 공유하는 추억이 수도 없이 많을 텐데 이를 모두 버리고 각자의 삶을 만들어가는 데서 제3자는 다소 아쉬움을 갖게 됩니다. 그러나 이 역시 제3자의 관심일 뿐이지요.

부부 관계도 세월과 함께 서로에 대한 기대가 조금씩 바뀌어갑니다. 게다가 아이들이 어릴 때, 아이들이 성장했을 때, 아이들이 곁을 떠나갈 때, 모두 부부의 역할이 크게 변하게 되지요.

세상의 모든 관계가 그렇듯 부부의 관계도 세월의 흐름과 함께 조금씩 적합한 방향으로 변화해 가야 합니다. 서로 노력하는 방법 외에는 다른 대안이 없겠지요. 단지 기대를 채우기 위해서가 아니라, 상대방이 바뀌기를 기대하기 전에 내가 먼저 상대방이 좋아하는 쪽으로 바꿔보는 일은 믿고 사랑하는 사이라면 얼마든지 가능하지 않을까요?

부부치료 전문가로 유명한 최성애 박사는 『부부 사이에도 리모델링이 필요하다』란 책에서 '결혼은 좋을 때도 있고 나쁠 때도 있는 긴 여정이며, 적응과 개선의 여지가 있는 살아 있는 시스템'임을 강조합니다. 고여 있는 물은 썩듯이 건강한 부부 관계 역시 자연스럽게 흐르고 그 안에서 남편과 아내가 함께 성장해 가야 하는 것이겠죠.

세월이 흐를수록 '친구 같은 부부 사이'가 좋습니다. 좋은 친구는 서로에게 지나치게 강요하지 않지요. 무리한 요구를 하지도 않고요. 그리고 떨어져 있더라도 늘 서로를 생각하면 기분 좋아지지요.

그런 친구 같은 부부가 될 수 있도록 작은 일에서부터 노력하는 하루하루 보내시기 바랍니다.

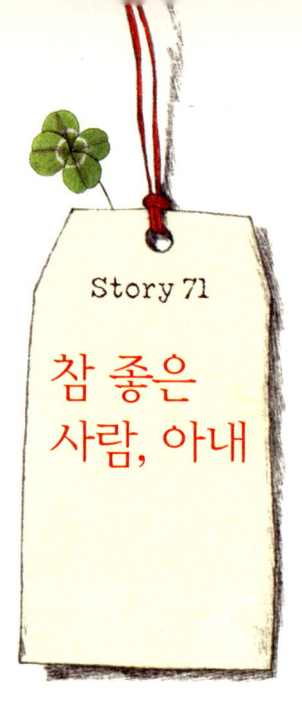

Story 71
참 좋은 사람, 아내

오후에 한참 일을 하고 있을 때였습니다. 인기척과 함께 아내가 집에 들어왔습니다. 6시 무렵에 들어오는 일은 흔치 않은데 말이죠.

"당신, 어쩐 일로 이렇게 일찍 들어왔어요?"

그리고 이런저런 이야기가 오고 갔습니다. 저녁에 있는 모임 참석차 옷을 갈아입으려고 잠시 들른 모양입니다. 눈이 많이 와서 가게 앞에 쌓인 눈을 치우느라 고생을 했을 것 같아 제가 먼저 물었습니다.

"오늘 눈 치우느라고 고생 많았지요?"

"세 사람이 힘을 합쳐서 열심히 치우다 보니 오고가는 길목에 있는 눈을 다 치울 수 있었어요. 다행히 오늘은 날씨가 포근해서 별로 힘들지 않았어요."

아내에게는 위와 같은 질문을 던졌을 때 '정말 힘들었다' 같은 답이 돌아오는 경우가 거의 없습니다.

오늘처럼 눈이 많이 내리면 아무리 세 사람이라도 씩씩거리면서 힘겹

한평생을 함께하는 든든한 동반자로
늘 가장 가까이에서 힘이 되어주기에
그 존재 자체가 말할 수 없이 좋고 소중한 것일 겁니다.
여러분도 내 아내, 내 남편을 생각할 때
아마 저와 같은 기분을 느끼시겠지요.

게 눈을 치웠을 법한데, '눈 치우느라 정말 힘이 들었다'는 이야기가 아니라 재미있었다는 반응이니, 저로서는 알다가도 모를 일이지요.

오랜 연애 시절을 거쳐 결혼을 한 지 20년이 지났는데, 아내에게 감탄하는 것 가운데 하나는 '늘 밝게, 늘 긍정적으로, 늘 씩씩하게, 어떤 상황에서도 의젓하게' 자신에게 주어진 일을 해나간다는 점입니다.

아내라고 해서 속이 상하거나 짜증이 나거나 힘들거나 하는 때가 없지는 않겠지요. 매사에 정확하고 빈틈없는 저의 이미지를 떠올리며 아내를 만나본 분들은 '저와 달리' 훨씬 여유롭고 즐거운 에너지로 가득한 모습에 놀라시곤 합니다.

이렇게 아내에게서는 배울 점이 많습니다. 그리고 세월이 갈수록 점점 더 '내가 참 좋은 사람을 만나서 살아가고 있구나' 하는 사실을 가슴에 새기게 됩니다. 그저 장점이 많아서는 아니겠지요. 한평생을 함께하는 든든한 동반자로 늘 가장 가까이에서 힘이 되어주기에, 그 존재 자체가 말할 수 없이 좋고 소중한 것일 겁니다. 여러분도 내 아내, 내 남편을 생각할 때 아마 저와 같은 기분을 느끼시겠지요.

아내는 저녁 모임을 위해 조금 전에 나갔고, 저희 두 사람이 나눈 대화가 인상적이어서 한번 적어보았습니다.

곁에 있는 사람의 소중함을 다시 한 번 느껴보는 따뜻한 저녁 시간 보내십시오.

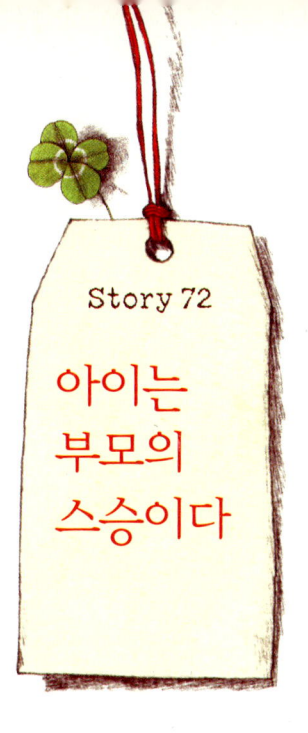

Story 72
아이는 부모의 스승이다

제 휴대전화에는 안치환의 〈내가 만일〉이라는 노래가 들어 있습니다. 막내가 아빠가 좋아하는 노래라고 담아주었던 곡이지요. 저는 어딘가를 향해서 죽 뻗어나가는 듯한 느낌을 주는 노래를 좋아하는데, 막내 녀석이 어떻게 아빠 취향을 족집게처럼 알아냈는지 모르겠습니다.

그 막내가 조금 전에 전화를 했습니다.

"아빠 잘 지내시지요? 저는 여기서 잘 지내고 있으니까 너무 걱정하지 마세요……."

"그래, 그곳에서 마지막 학기니까 행복했으면 좋겠구나."

이렇게 마지막 말을 나누고 전화를 끊었는데 몇 분 되지 않아 다시 전화가 왔습니다.

"아빠 정말 사랑해요. 많이많이요."

이렇게 '사랑한다'는 말로 막내와 통화를 끝냈습니다.

아마도 아빠에게 '사랑한다'는 말을 미처 하지 못하고 전화를 끊었기 때문에 마음에 걸렸던 모양입니다.

제가 이 아이를 키우면서 느끼는 것은 타인에 대한 배려와 관심입니다. 아들로서가 아니라 한 사람으로서 막내를 바라볼 때 정말 대단하게 느껴지는 부분이지요.

새 학기가 시작되면 이것저것 해야 할 일이 가득할 텐데, 어떻게 시간을 정해 거르지 않고 전화를 할 수 있는 여유를 갖는지가 우선 궁금합니다. 거기에다 항상 자신이 무엇을 배려하고 신경 써야 하는지를 알고 행동합니다.

이런 능력들은 영어나 수학처럼 성적표에 드러나지 않지만, 살아가는 데 큰 힘이 되는 요소라고 생각합니다. 막내의 길고긴 삶이 앞으로 어떻게 전개될지 알 수 없지만, 타인을 배려하고 자신의 힘 안에서 남들에게 도움을 주려고 노력하는 아이의 태도와 마음가짐에서 여러 가지를 생각하게 됩니다.

이번 여름에는 막내가 보육원과 신체가 부자유스러운 분들이 계시는 곳에서 자원봉사를 하도록 주선했습니다. 아이가 다녀와서 이런 이야기를 하더군요.

"나중에 내가 크게 성공하면 이렇게 어려움을 겪는 사람들을 더 많이 도와줄 수 있을 텐데……."

1992년에 태어났으니까 이제 열일곱 남짓 됩니다만, 이 아이를 키우는 동안 나이를 떠나서 아버지와 아들 사이에도 얼마든지 서로 배울 수 있구나 하는 생각을 할 때가 많습니다.

아이들과 함께 지내는 시간은 저에겐 배움의 시간이자 경이로움과 놀라움으로 가득 찬 여행과 같습니다.

부모의 도움 없이는 생명을 유지할 수 없을 만큼 연약한 존재에서, 자신의 생각을 세우고 자신의 길을 찾아가는 존재로 성장하는 과정을 지켜보는 것이요.

누군가 저에게 세상에 나서 가장 멋진 일이 무엇이냐고 묻는다면, 자식을 낳아서 키우는 경험이라 답할 것입니다. 훗날 다시 한 번 삶을 누리는 축복을 갖게 된다면, 그때는 아내와 좀더 많은 아이를 낳아서 키웠으면 하는 바람입니다.

근래에 출산율이 저하되어 모두들 걱정입니다. 살기가 팍팍하니 무작정 낳으라고 말할 수는 없겠죠. 하지만 아이를 키우는 기쁨을 누리지 못하는 것은 인생을 절반만 살다가는 것이 아닐까요?

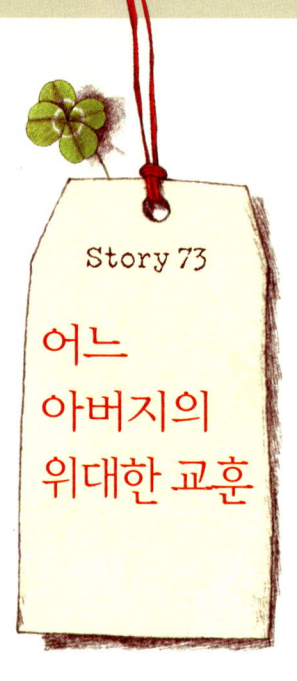

Story 73

어느 아버지의 위대한 교훈

오늘 아침, 막내에게 이런 말을 해주었습니다.

"자신이 누리는 것을 절대로 당연하게 여겨서는 안 된다."

자신이 누리는 것을 당연하게 여기지 않는다면, 처음 시작하던 순간을 잊지 않는다면, 그리고 늘 감사해야 할 이유를 찾을 수 있다면 삶이 불만으로 쌓이기보다 좀더 많은 행복을 느낄 수 있지 않을까요?

아침에 이발을 하러 가는 길에 『난도의 위대한 귀환』이란 책을 들고 나갔습니다. 1972년 안데스 산맥에서 조난을 당한 난도 파라도는 그곳에서 어머니와 여동생을 잃습니다. 30년이 흐른 뒤 펴낸 이 책에서 그는 당시의 사고와 이후의 삶을 담담한 필체로 그리고 있습니다.

책에는 난도에게 삶에 대해 큰 가르침을 준 아버지 셀레르 파라도의 이야기가 나옵니다. 아버지 셀레르는 난도에게 이렇게 말하죠.

"나에게 있어서 인생이란 '오늘' 당장 벌어지는 어떤 것이었다. 나는 강력한 원칙이나 목표, 추진력 같은 것은 없었다. 그 당시 누군가 나에게 인생의 목적을 물었다면 나는 웃으면서 '재미를 느끼는 것'이라고 대답했을 것이다. 내가 그런 근심 걱정 없는 생활을 유지할 수 있었던 것은 전적으로 아버지의 희생 덕분이라는 것은 조금도 생각하지 않았다. 아버지는…… 확고한 기강과 자조 정신을 통해 우리 가족들이 특혜, 안락함, 여유를 누리며 생활할 수 있게 해주었는데, 나는 그런 생활을 당연한 것으로 여기고 있었다." (난도 파라도, 『난도의 위대한 귀환』, 45쪽)

이 아버지의 이야기는 제가 아이들에게 들려주고 싶은 이야기를 그대로 담고 있습니다. 저도 아이들에게 자신이 누리고 있는 것을 당연하게 여기지 말고, 작은 것에도 감사하며 살아가라고 늘 이야기하거든요.

자신이 가진 것을 당연하게 여기고 갖지 못한 것에 늘 아쉬워한다면 인생이 얼마나 피폐하고 불행해질까요? 내 정원의 꽃은 돌보지 않은 채 남의 꽃밭만 쳐다본다면, 그나마 피어 있던 꽃들마저 시들어버릴 것입니다.

오늘은 자신이 누리고 있는 것을 돌아보고 감사하는 마음을 가져봅시다. 그러면 생각보다 많은 것을 누리고 있다는 사실에 마음속 깊이 충만함이 느껴질 겁니다.

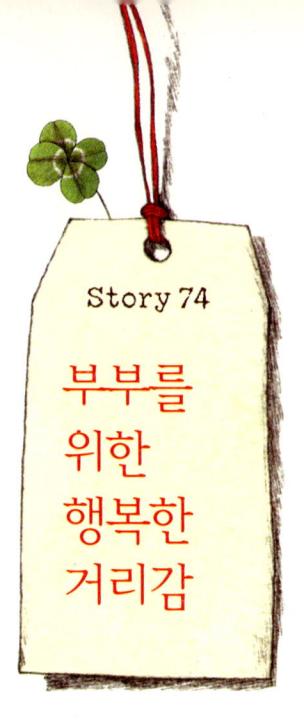

Story 74
부부를 위한 행복한 거리감

해운대에서 강연을 마치고 막 차를 타기 위해 부산역으로 이동하느라 급히 택시를 탔습니다. 택시에서 아내에게 전화를 했습니다. "여보세요. 지금 어디예요? 통화할 수 있어요?"

전화를 끊자 기사분이 이런 말씀을 하시더군요.

"17년 택시 기사 생활 중에 부부 사이에 경어를 사용하는 분은 세 분밖에 못 봤습니다."

설마 그럴 리가 있겠냐고 하자 그분은 그 세 경우를 구체적으로 들어서 말씀해 주시더군요.

이따금 공공장소에서 부부가 서로에게 함부로 대하는 경우를 목격하곤 합니다만, 아무리 세태가 그렇다고 해도 기사분 말씀처럼 겨우 세 사람만 존댓말을 썼을까 싶었습니다. 아무래도 기사분이 경험한 경우들이 좀 한쪽으로 치우치지 않았나 합니다. 그렇지만 곰곰이 주변을 둘러보면 많은 부부가 경어를 사용하지 않는 것은 사실일 겁니다.

부부나 친구처럼 친한 사이에 지나친 거리는 피해야겠지만, 그래도 어느 정도의 거리는 있는 것이 좋습니다. 특히 생활 속에서 부딪칠 일이 많은 부부 사이에는 서로 경어를 사용하는 것이 좋다고 생각합니다.

아무래도 경어를 사용하면 함부로 내뱉을 수 있는 말도 한 번 더 생각하게 되고, 서로에 대한 행동도 조금 더 정중해질 수 있으니까요.

아이들이 부모에게, 친지들에게 사용하는 언어 역시 부부 사이의 언어 습관에 좌우되겠지요.

그런데 우리말이 유독 위계질서가 강하기 때문에 영어나 중국어처럼 위계질서가 거의 없는 언어와 견주어보면 굳이 그렇게까지 경어를 사용할 필요가 있는가, 하고 반문할 수도 있을 겁니다.

저는 부모님이 서로 존댓말을 쓰시는 것을 보고 자랐기 때문에 당연히 그렇게 해야 한다고 생각했습니다만, 어떤 부부들은 서로를 높이는 말이 더 어색하게 느껴지는 경우도 있습니다.

하지만 형식이란 참 중요합니다. 평상복을 입을 때와 정장을 입을 때 행동이 달라지는 것처럼 말입니다. 경어를 사용할 것인가 말 것인가는 결국 부부가 선택하는 것이지만, 긴 삶을 생각하면 처음부터 제대로 된 선택을 해야 하지 않을까요?

여러분은 어떻게 하고 계신지, 그리고 어떤 것이 바람직한지 한번 생각해 보시기 바랍니다.

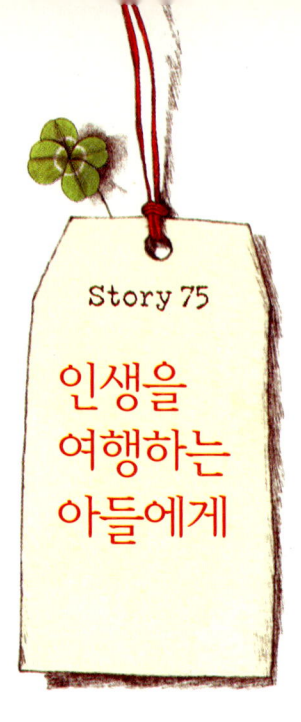

Story 75
인생을 여행하는 아들에게

　　　　　　　　　　오늘은 날씨가 꽤 쌀쌀합니다. 가을이 벌써 다 가버렸구나 하는 생각이 들 정도로 스산하네요. 오후에는 최근 준비하고 있는 두뇌에 관한 책을 쓰면서 시간을 보냈습니다. 책상 주변에 온통 책과 논문을 펼쳐놓은 채 종일 컴퓨터 자판을 두드리는 하루였습니다.

　이렇게 일에 몰두하는 중에도, 잠시 쉬는 틈에 작업실 곳곳에 놓여 있는 아이들의 사진을 보면 녀석들은 지금 어떻게 지내고 있을까 문득 궁금해지곤 합니다.

　아침에 막내에게서 전화를 받았습니다. 고등학교 진학을 위한 시험을 앞두고 어제는 초조한지 전화를 걸어서 '사랑한다'는 주문, 'Good Luck'이란 주문, 그리고 '정말 잘 봐라'라는 주문을 몇 번이고 아버지에게 반복을 시키더군요.

　그리고 오늘, 아버지가 걱정을 할 것 같아서 전화했다는군요. 시험이 꽤 어려웠던 모양입니다. 수학이 생각보다 어려웠고, 다행히 영어는 잘 본 것 같았습니다.

　제게 '너무 걱정하지 말라'고 신신당부하고, 이제는 어떤 부분이 문제인지 알았으니 12월에 보는 마지막 시험은 더 잘 볼 수 있을 거라 강조하면서 전화를 끊더군요.
　물론 저 역시 마지막 관문이라 가능한 잘 보았으면 하는 바람을 가졌습니다. 성적이 어떻게 나올진 모르겠지만 그래도 스스로 계획을 세워서 준비하고 시험을 치르고 나름대로 그 결과를 분석하는 것 자체가 하나의 성장이라고 생각합니다.

피할 수 없다면 즐겨라.
최선을 다하고 너무 긴장하지 말아라.

　시험만이 아니겠지요. 인생의 기나긴 여정을 걸어갈 아이는 앞으로도 수많은 관문을 혼자 뚫고 나가야 합니다. 누구도 대신 갈 수 없고, 아버지도 그 길은 걸어줄 수 없습니다. 이 평범한 격려 속에 제 온마음을 담았습니다.
　바쁘게 살아가는 부모를 생각해 주기라도 하듯 아이들은 이제 자기

인생의 기나긴 여정을 걸어갈 아이는
앞으로도 수많은 관문을 혼자 뚫고 나가야 합니다.
누구도 대신 갈 수 없고, 아버지도 그 길은 걸어줄 수 없습니다.
그저 기도하는 것 외에는 말입니다.

스스로 길을 개척해 나갑니다. 부모 입장에서는 신의 가호가 늘 함께하기를 기도하는 수밖에 없습니다. 삶이란 여정에서 자기 앞에 주어지는 도전들을 맞서서 하나하나 개척해 가는 아이들에게 부모가 해줄 수 있는 일은 사실 많지 않을 것입니다. 기도하는 것 외엔 말입니다.

자기 자신도 시험을 잘 치렀는지 걱정이 많이 될 텐데, 아버지가 걱정할 것을 먼저 생각하는 막내가 대견하고 고맙기도 하네요.

일요일 저녁에 작은 일상을 기록해 보았습니다. 여러분도 한 주 잘 지내시고 몸 건강에 각별히 주의하시기 바랍니다.

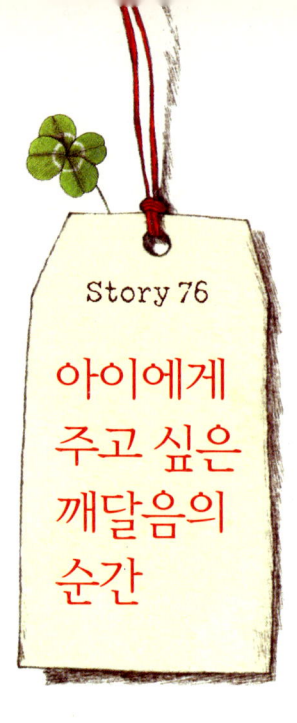

Story 76

아이에게 주고 싶은 깨달음의 순간

지난 이틀 동안 아카데미에서 아이들을 가르치는 시간을 가졌습니다. 여러 아이들과 여덟 시간 동안 수업을 하다 보면 참 많은 것을 느낍니다. 말, 태도, 생각 등이 정말 다양한 아이들을 만나게 되거든요. 그럴 때마다 이런 의문이 듭니다.

'비슷한 나이의 아이들인데도 불구하고 철이 든 정도는 어쩌면 이렇게 다 다를까?'

이따금 부모가 아이를 개선시키기 위해 이런저런 노력을 해보다가 저에게 보내는 경우도 있습니다. 그런 부모님들은 아이가 처한 상황이나 부모님들의 고민을 상세히 적어서 보내기도 하지요.

저도 자식을 키우는 입장이고, 가르치는 아이들이 대부분 제 아이들 또래이기 때문에 고민에 빠진 부모들의 글을 볼 때면 남의 이야기처럼 들리지 않습니다.

학교를 다니는 시간은 한 사람의 인생에서 참으로 중요합니다. 그런데 아이들은 그런 중요성을 제대로 알지 못하는 경우가 많지요. 그들에게 여덟 시간의 강의를 통해서 단순한 지식이 아니라 깨달음의 순간을 제공하는 것도 저의 목표 가운데 하나입니다. 제대로 된 깨달음의 순간을 갖고 철이 들기만 한다면 그 다음에 자신의 일을 찾아서 하는 것은 어렵지 않거든요.

오늘 강의에 참가한 학생들 중에는 자신의 생활에 대해 조금도 기대가 없고, 부모 역시 다양한 시도를 했지만 아이의 마음을 잡을 수 없던 한 아이가 있었습니다.

그런데 그 학생이 수업이 끝나고 나가면서 저에게 사인을 해달라고 하더군요. 그래서 저는 두 권의 책을 권해주었습니다. 그리고 잠시 이런저런 이야기를 나누었지요. 수업을 시작할 때라면 도저히 상상할 수 없었던 일입니다.

아마도 수업이, 그리고 수업 중에 저와 나눈 잠시 동안의 대화가 아이의 마음을 움직인 모양입니다. 그런 불씨가 큰 불길로 번지는 데는 어느 정도 시간이 걸릴 것이고, 계속 타오를 것인지도 두고 봐야겠지요. 하지만 그렇게 부모가 걱정 끝에 보낸 아이에게서 변화의 가능성을 보는 것은 정말 큰 기쁨입니다.

인생에는 깨달음의 순간이 있지요. 그런 순간들이 너무 늦지 않게, 한참 배움의 길을 걷고 있을 때 찾아온다면 정말 좋을 텐데요.

저도 자식을 키우면서 아이가 깨달음을 통해 놀랍게 변화하는 것을 지켜본 터라, '각성의 순간'의 중요성을 무척 중요하게 여깁니다.

강의에서 돌아와서 잠시 떠오른 단상을 정리해 보았습니다.

Story 77

용맹군과 향기양

아내가 운영하는 식당에는 하얀 진돗개 두 마리가 있습니다. 먼저 도착한 친구가 '용맹'이고, 몇 개월 늦게 도착한 친구가 '향기'입니다. 두 친구 모두 전북 정읍 출신들이지요.

용맹이는 수놈이고 향기는 암놈입니다. 이 친구들을 키우면서 동물도 사람과 마찬가지로 저마다 성격이 있다는 걸 알게 되었습니다. 꽃미남인 용맹이는 머리 회전이 빠르고 항상 모반을 꾀합니다. '어떻게 하면 도망갈 수 있을까?' 하고요. 일단 우리 밖으로 나가면 주인이 어떻게 회유해도 절대로 듣지 않습니다. 주인이 불러도 들은 척도 하지 않지요.

그러나 향기는 순응하는 타입입니다. 애교도 많고 먹성도 좋고 성격이 아주 좋습니다. 처음에는 그러면 안 된다고 생각하면서도 왠지 향기가 용맹이에 비해 '얼굴이 조금 빠진다는' 생각에, 잘생긴 용맹이에게 정이 더 갔습니다.

그런데 어느덧 향기가 성견이 되면서 멋진 '여인'으로 재탄생했습니다. 사람하고 똑같지요. 주변의 젊은이들이 결혼 적령기가 되고 누군가를 좋아하게 되면 몰라보게 아름다워지는 것을 목격할 때가 있거든요. 향기의 변신을 보면서 자연의 섭리를 생각했습니다. 심성도 온순하고 예뻐지는 향기에게 이제는 살짝 마음이 더 갑니다.

용맹이는 싸움도 좋아해서 나갔다 하면 동네 개들하고 싸우고 돌아옵니다. 그래서 얼굴이 어느 곳 하나 성한 데가 없을 정도로 상처투성이이죠.

게다가 용맹이는 머리가 정말 좋은 친구입니다. 우리 곳곳에 구멍을 뚫어서 도망을 가거든요. 어제도 식당에 계신 분이 먹이를 주는 사이에 줄행랑을 쳐서 간신히 구슬려서 데려왔다고 합니다.

덕분에 많이 얻어맞았다고 하고, 저도 강의를 마치고 돌아오는 길에 들러서 손가락질을 하면서 나무랐습니다. 자기가 잘못한 것을 아는지 기백은 온데간데없고 눈치를 보며 연신 머리를 조아리더군요.

저는 어린 시절 통영에 살 때 아주 큰 셰퍼드를 키운 적이 있습니다. 초등학교 5~6학년 때지요. 그후로는 주로 객지 생활을 했기 때문에 큰 개를 키워본 적이 없습니다. 그때 키웠던 셰퍼드도 아주 멋진 친구였고, 좋은 추억을 많이 남겼습니다. 요즘 오랜만에 다시 개를 키우면서 옛날 셰퍼드 생각도 나고, 개에 대해 많은 것을 배웁니다. '개가 웬만한 사람보다 낫다'는 말에 공감이 갈 때도 있고요.

일주일 정도 용맹이와 향기를 보지 않으면 자꾸 생각이 납니다. 그래서 퇴근하는 아내에게 물어봅니다.

"용맹이는 잘 지내지요? 향기도요?"

용맹이와 향기도 제 생각을 할까요?

Story 78
큰아들의
첫 번째
면회

"사랑하는 부모님께,
 어머니 아버지 무더운 여름에
 어떻게 지내십니까?
         저는 육군훈련소에서 있을 날
도 얼마 안 남았습니다. 엊그제는 15킬로미터 주간 행군을 폭우 속에서
끝냈고 지난 주 월요일에는 수류탄도 던져봤습니다. 이제 남은 시간 동
안 힘든 일이 세 가지 남았습니다. 어느 사이에 입대한 지도 한 달이 벌
써 지나고 퇴소식이 2주를 남겨두고 있습니다. …… 저를 이렇게 잘 키
워주신 부모님께 늘 감사합니다."

 큰 아이가 논산훈련소에 입소한 뒤 무려 4~5통 정도의 편지를 받았
습니다. 처음엔 더운 날 고생하진 않는지 걱정이 되다가 편지가 점점 차
분해지는 것을 보면서, 새로운 생활에 잘 적응하고 있구나 싶어 안심을
했습니다.

 어떤 부모들은 아들이 입던 옷이 상자에 담겨서 오면 우는 분들도 있
다고 하는데, 저와 아내는 다른 부모들에 비해서 덤덤한 것 같았습니다.
그런데 막상 아들의 면회를 가보니 저 역시 대한민국의 아버지였습니다.

토요일날 첫 면회를 앞두고 하루 전날부터 무척 설레더군요. 오랜만에 아들을 보러 가는 기분이 말입니다. 벌써 두세 번 면회를 다녀온 아내로부터 잘 지내고 있다는 이야기를 전해 들었습니다만, 그래도 어디 사람 마음이 그렇습니까?

자식들은 아마도 아버지의 그런 마음을 이해하기 쉽지 않겠지요. 아버지란 늘 감정 표현이 서툴고, 좀처럼 마음을 드러내지 않는 사람이라고 생각할지 모릅니다.

자식을 키우면서 아버지와 어머니 생각을 자주 하게 됩니다. 그분들 역시 객지로 떠난 자식들을 얼마나 그리워하였을까요. 방학 때 잠깐잠깐 집에 내려가더라도 가능하면 일찍 외지로 가버리려고 했던 제 어린 시절이 떠오릅니다. 그때는 정말 부모 마음을 조금도 알지 못했습니다.

큰 아이가 군대를 갔다는 이야기를 듣고 손위 형님이 메일을 보내셨더군요.

"내가 군대를 갔을 때는 집안이 무척 어려운 때라서 아버지 어머니가 한 번도 면회를 오시지 못했다. 민수 군대 간 소식을 듣고 그때 우리 부모님은 어떤 마음이 들었을까, 그런 생각이 들더구나."

주마등처럼 30여 년 전 그 옛날이 떠오르더군요. 아버지의 사업이 부도를 맞았을 무렵 제가 대학에 입학하고 형들이 모두 휴학을 하였습니다. 그때 바로 손 위의 형이 부천 어딘가에서 군 복무를 하고 있었는데, 힘들게 생활하던 때라 부모님께서 면회를 할 여유조차 없으셨던 거지요.

마음이 넓은 형이라서 이해했겠지만 다들 부모님이 면회 왔을 때 형의 마음이 얼마나 아팠을까, 또 군대에 보내놓은 아들을 보러 가지 못하는 부모 마음은 어땠을까 하는 생각이 들자, 저도 모르게 눈시울이 뜨거워지더군요. 아이를 만나러 가던 그 시간은 제 부모님을 다시 만나는 시간이기도 했습니다.

군복을 입고 작대기 하나를 단 대한민국 육군 이병으로 나타난 자식을 보니 가슴이 뭉클하더군요. 한편으론 아무리 시설이 좋아졌다고 하지만 한참 좋은 나이에 이렇게 갇혀서 지내야 하는구나 싶은 안타까움도 들었습니다.

그래도 아버지가 걱정할 것을 알았는지 먹는 것, 입는 것, 내무반 생활 등 모두 불편한 게 없다고 이야기하는 큰 아이를 보며 '많이 컸구나' 하는 생각을 하였습니다.

"기억나니. 93년인가 너하고 대전엑스포 구경왔을 때 말이다……."

오랜만에 마주한 아들과 시작한 이야기가 한참 동안 계속되었습니다.

"이제 곧 낙엽이 질 것이다. 두 번의 가을이 가고 나면 제대다. 어디서 무엇을 하건 성심껏 해라. 늘 몸조심하고."

그렇게 몇 마디를 남기고 헤어졌습니다.

운전대를 잡고 돌아오는데 마음 상태가 그럭저럭이었습니다. 괜히 아내에게 전화해서 잔소리만 하고요. 어떻게 정신이 나가버렸는지 잡지 전해주는 것, 주소 물어보는 것 등 중요한 일들을 잊어버리고 헤어지고 말았습니다. 10월 초순 지금 쓰고 있는 책을 탈고하면, 다시 한 번 갈 작정입니다.

전국 곳곳에서 열심히 군생활을 하고 있을 대한민국의 모든 아들들에게, 아버지의 마음으로 힘찬 응원을 보냅니다.

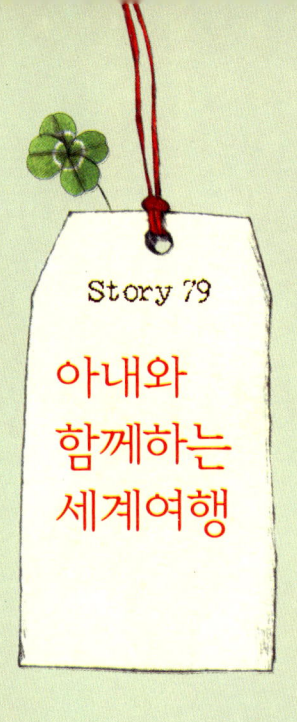

Story 79
아내와 함께하는 세계여행

"기회가 된다면 제일 먼저 가고 싶은 해외 여행지는 어디인가요? 그리고 그곳에 가고 싶은 이유는 무엇인가요?"

제 웹사이트를 자주 방문하시는 어떤 분이 올린 질문입니다.

저는 시간 때문에 아직까지는 잠깐씩밖에 여행을 못 합니다. 그래도 출장과는 비교할 수 없는, 자유인으로서 여행하는 권리를 갖게 되었지요. 여행을 할 때마다 그 여행은 '헌신했던 젊은 날들로부터 얻는 포상'이라고 생각합니다. 자기 자신에게도 가끔씩 상을 주어야 합니다. 잘하고, 수고하고, 열심히 한 자신에게 말입니다.

아무튼 이 질문 덕분에 모처럼 가고 싶은 곳들을 떠올려보았습니다. 만약 앞으로 시간의 여유가 생겨 세상 곳곳을 가볼 수 있다면 무엇보다 제 아내와 함께 떠나고 싶습니다. 아름다운 것일수록 좋은 사람과 함께 보면 그 감동이 배가 된다고 하지요.

1. 미국의 이곳저곳 누비기

언제나 가고 싶은 곳은 미국입니다. 뉴욕, 샌프란시스코, 시애틀, 달라스, 휴스턴, 마이애미, 키웨스트, 샌디에이고, 뉴잉글랜드 지방의 시골 구석구석들…….

저는 미국을 방문할 때마다 '자유' '창의' '관용'을 떠올립니다. 얼마 전에 『분노의 포도』로 유명한 작가 존 스타인벡이 쓴 『찰리와 함께한 여행』이라는 책을 읽었습니다. 스타인벡이 미국의 전역을 여행한 여행기 겸 수필집이지요. 저도 언젠가 미국을 전부 둘러보고 싶은 마음이 있습니다. 시간을 갖고 천천히요.

2. 이탈리아

아내와 함께 이탈리아를 여유 있게 여행하고 싶습니다. 토스카나 지방의 가을 햇살, 곳곳에 남아 있는 로마 시대의 유적들, 베네치아, 피렌체, 시칠리아…… 지명에서부터 풍겨 나오는 낭만에 생각만 해도 가슴이 뛰는 곳들입니다.

3. 지중해

배를 타고 지중해 연안 곳곳을 둘러보고 싶기도 합니다. 역사책에 자주 등장하는 그곳들을 구석구석 둘러보고 싶어요. 현재의 서구 문명이 탄생한 유서 깊은 곳들 말입니다.

4. 라인 강변

아내와 함께 자전거를 타고 네덜란드의 헤이그를 출발해서 젊은 날의 추억이 서린 라인 강변을 누비고 싶습니다.

5. 유럽의 현대 미술관들

현대 미술을 감상하기 위한 테마 여행을 떠나는 꿈을 꾸기도 합니다. 파리, 마드리드, 런던…… 이 모든 곳을 다 둘러보려면 일단 체력이 좋아야 할 것 같네요.

6. 미국의 국립공원들

요세미티는 물론이고 미국의 국립공원들을 찬찬히 둘러보고 사진기에 아름다운 풍광을 모두 담을 수 있었으면 합니다. 그리고 가슴에는 대자연이 주는 감동을 품을 수 있겠지요.

7. 동부 유럽

아직 한 번도 가보지 못한 곳입니다. 비록 사진과 영상으로만 접해보았지만 세월의 깊이가 그대로 느껴지는 고즈넉한 동유럽의 성들과 거리 풍경이 제 마음속 한 곳을 스치는 것 같습니다. 체코, 발칸, 헝가리, 폴란드 등에 남겨진 문화 유적들을 둘러보고 싶습니다.

8. 실크로드

실크로드를 따라 중국에서부터 서아시아까지 선인들의 발자취, 문명의 이동 경로를 밟아보고 싶습니다. 이스탄불에서 서안까지 도보로 여행한 『나는 걷는다』의 베르나르 올리비에처럼이야 할 수 없겠지만, 그 터프한 길이 주는 에너지를 생생하게 느껴보고 싶네요.

이렇게 적어가다 보니 가슴에 담긴 꿈들이 하나하나 드러나네요. 훗날 아이들이 자신의 날개로 날 수 있는 날이 오면, 저는 더 많은 시간을 여행에 보낼 수 있을 거라 기대합니다. 그때가 되면 9개월은 일을 하고 3개월은 여행을 하면서 살 계획을 갖고 있습니다.

맑은 아침에 기분 좋은 상상의 날개를 한껏 펼쳐보았습니다. 희망, 꿈, 소망, 기다림은 오늘의 고단함을 넘어설 수 있는 용기와 에너지를 주기에 충분합니다.

여러분이 여행하고 싶은 곳은 어디입니까?

여행을 할 때마다
그 여행은 '헌신했던 젊은 날들로부터 얻는 포상'이라고 생각합니다.
자기 자신에게도 가끔씩 상을 주어야 합니다.
잘하고, 수고하고, 열심히 한 자신에게 말입니다.

Life Skill 7

경쟁력 있는 나만의 컨셉 만들기

자신의 진정한 재능을 발견하는 것은 실로 '위대한 발견'이라 불러도 좋을 것입니다. 자신의 재능을 찾아내는 데 왕도는 없습니다. 즉 도전하고 또 도전하는 것이지요. 세상에는 직접 해보기 전에는 알 수 없는 일들이 많습니다. 간접 체험이나 머릿속의 시뮬레이션만으로 모든 것을 알 수 없는 것이 삶입니다.

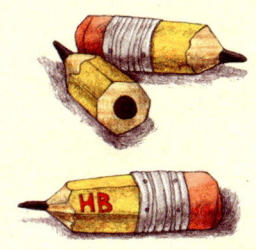

Story 80
나의 키워드는 '열정'

얼마 전에 연세대학교 학생들을 만나 인터뷰를 한 적이 있습니다. '리더십 이론'이란 수업을 듣는 학생들이었는데, 심리학과, 경영학과, 국문학과, 사학과 등 다양한 학과의 학생들로 구성되어 있었지요. 학생들이 팀을 구성해서 자신들이 모델로 삼은 인물과 만나 동영상 자료를 만들고 이를 바탕으로 발표를 하는 과제였습니다.

학생들이 저에 대해 선정한 키워드는 '열정'이었습니다. 그들은 저에게 이런 질문을 던지더군요.

"저희가 선생님을 선택한 중요한 이유 가운데 하나가 선생님께서 보여주신 열정적인 삶입니다. 그런 태도는 어디서부터 나오는 건가요?"

저 자신도 가끔 '나는 무엇으로 사는가?' 하는 생각을 할 때가 있는데, 그럴 때 떠오르는 단어가 '열정'입니다. 그래서 학생들의 질문이 무척 반가웠지요.

열정적인 삶은 어디서부터 나오는 걸까요?

우선 타고난 기질을 들 수 있습니다. 저는 항상 많은 업무를 처리해야 하는데, 다행히 그다지 지치지 않는 편입니다. 이따금 힘이 들 때면 강연을 위해 이동하는 길에 잠깐 졸기도 하지만, 많은 분들 앞에 서면 절로 흥이 나고 금세 강연에 몰입합니다.

웬만해선 잘 지치지 않는 기질 외에, 무엇이 이토록 늘 성장, 발전, 성취라는 단어들 중심으로 제 삶을 이끌어갈까요? 이 같은 현상은 최근에 생긴 걸까요? 그런 것 같지는 않습니다.

10대부터 지금까지 줄곧 제 가슴의 한가운데에는 '삶을 향상시키려는 열망'이 강하게 자리 잡고 있었습니다. 시계 바늘을 뒤로 돌려서 20년 전, 아니 그보다 더 전으로 돌려보더라도, 무언가를 이뤄내기 위해 부지런히 움직이던 모습은 지금과 크게 다르지 않습니다. 이 점과 관련해서 한 가지 기억나는 일이 있습니다.

얼마 전 모교인 부산의 혜광고등학교를 방문해 강연을 한 적이 있습니다. 아들뻘 되는 150여 명의 후배들과 저를 가르치신 선생님들도 참석하신 가운데 강의가 진행되었습니다. 학생들이 진지하게 경청하는 모습이 참 인상적이더군요.

선생님께 부탁해 학생기록부 사본 한 장을 받아오는데, 저와 관련된 일화를 한 가지 들려주셨습니다.

추운 겨울날 자정이 다 되어 선생님께서 막 학교를 나서려는데 맨 마지막 교실에 불이 켜져 있었습니다. 한밤중에 누군가 싶어 가보니까 한 학생이 추위 때문에 흰 커튼을 몸에 칭칭 감고 공부를 하고 있었다고 합니다. 그 학생이 바로 저였다고 하네요.

당시 저는 집을 떠나서 부산에서 하숙을 하고 있었는데, 과외나 학원 수업을 받지 않고 혼자서 밤 늦게까지 학교에서 책과 씨름하곤 했습니다. 당시 야간 통금 때문에 거의 밤 12시가 임박해서 부산 남항 등대가 깜빡거리는 것을 보며 학교 계단을 서둘러 내려왔던 기억이 지금도 생생합니다.

거의 매일 반복적인 일과 속에서도 잘 되어야 하겠다는 욕망이 늘 앞을 향해 열정적으로 나아가게 만든 원동력이었습니다.

그런데 열정적인 삶을 사는 데 타고난 성향이 전부는 아닙니다. 삶의 방식을 무엇으로 선택하느냐 하는 점도 중요합니다.

우리 삶은 딱 한 번뿐이지요. 그러니 스스로 어떻게 살 것인지를 선택하며 살아갈 수밖에 없습니다. 저는 남들이 원하는 삶이 아니라 제가 원하는 삶을 살자고 다짐합니다. 하고 싶은 일을 하면서 인정도 받고, 목표도 이루자고요. 하고 싶은 일을 선택할수록 열정을 발휘하게 될 가능성은 자연스럽게 더 커질 겁니다.

그것을 에너지라 부르든, 세상에 자신을 드러내고 싶은 욕망이라 부르든, '열정'은 정말 멋지지 않습니까? 자신을 바꾸고, 주변 사람을 전염시키고, 자신과 만나는 청중과 독자들에게까지 영향을 미치니까요.

오늘도 여러분께 저의 '열정 바이러스'가 전해지길 바랍니다.

우리 삶은 딱 한 번 뿐이지요.
그러니 스스로 어떻게 살 것인지를 선택하며 살아갈 수밖에 없습니다.
저는 남들이 원하는 삶이 아니라
제가 원하는 삶을 살자고 다짐합니다.

Story 81

나의
재능을
찾아서

여러분은 지금 자신의 재능과 부합하는 일을 하고 있다고 생각하십니까?

얼마 전에 한 지인의 전직 소식을 전해 들었습니다. 그는 외모로 보나 됨됨이로 보나 '성실함'의 전형인 사람입니다. 대단히 꼼꼼하고 착실하지요. 다니던 직장을 3년 전에 그만두고 보험 세일즈를 시작했는데, 기대했던 이상으로 새로운 일을 잘 해나가고 있다고 합니다.

그런데 그는 자신이 세일즈에 그토록 잘 맞을 거라고 생각해 본 적이 없다고 하네요. 제가 보기에도 너무 조용조용한 사람이라 좀처럼 세일즈맨에 맞을 것 같지 않았습니다.

추측컨대 남다른 성실함 때문에 고객들이 그를 좋아하지 않을까 합니다. 빈말 하는 법 없이 성실함으로 고객들의 요구나 필요를 성심성의껏 만족시키려고 애쓰다 보면 자연히 고객들의 만족도는 높아지겠죠. 그렇게 열심히 하다 보니 성과도 오르고 성과가 오르다 보니 일 자체에 더 큰 재미를 느끼게 된 것일 테구요.

그 지인은 자신에게 언뜻 맞지 않을 것 같은 일이었지만 용기를 내서 도전을 했고, 그곳에서 자신의 숨어 있던 재능을 발견한 것입니다.

일전에 세일즈맨을 상대로 교육을 해온 분과 이런 대화를 나눈 기억이 납니다.

"공 박사님, 세일즈 분야에 종사하는 분들을 위해서 강의를 하다 보면, 아무리 노력해도 성과를 일정 이상 올릴 수 없는 분들이 나옵니다. 이런 경우에는 어떻게 해야 하는지 난감할 때가 있습니다."

저는 이렇게 이야기를 드렸습니다.

"사람들은 모두 재능이 다릅니다. 그래서 두 사람이 똑같은 노력을 하더라도 성과에는 차이가 나게 마련이지요. 그렇기 때문에 어떤 일을 하든지 간에 일단 재능 있는 분야를 찾아내는 것이 성과를 거두는 지름길이라 생각합니다. 자신의 재능에 바탕을 둔 일을 하는 사람들은 절반은 성공한 사람이라고 봅니다."

자신의 진정한 재능을 발견하는 것은 실로 '위대한 발견'이라 불러도 좋을 것입니다. 자신의 재능을 찾아내는 데 왕도는 없습니다. 즉 도전하고 또 도전하는 것이지요. **세상에는 직접 해보기 전에는 알 수 없는 일들이 많습니다. 간접 체험이나 머릿속의 시뮬레이션만으로 모든 것을 알 수 없는 것이 삶입니다.**

당연히 어느 정도의 시행착오는 불가피하겠지요. 이것저것 시도해 가는 과정에서 자연스럽게 자신의 분야를 찾아낼 수 있을 겁니다. 물론 거기에는 행운도 함께해야겠지요.

진정한 재능을 발견하기 위한 여러분의 '시행착오'에 행운이 함께하길 빕니다.

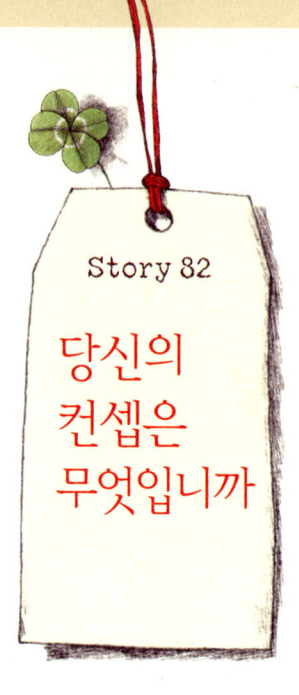

Story 82

당신의 컨셉은 무엇입니까

                                        지금은 세종문화회관 옆 스타벅스에서 이 글을 쓰고 있습니다. 오전 중에 세종문화회관에서 강연이 잡혀 있거든요. 아침 6시 40분에 집에서 출발했더니 길이 전혀 막히지 않네요. 그래서 세종문화회관 1층 주차장에 차를 주차해 두고 이곳 스타벅스 2층 창가에 앉았습니다. 어제 읽다가 만 미야자키 타쿠마의 『소니 침몰』이란 책을 조금 더 읽고 강연록을 점검한 다음 강연장으로 이동할 예정입니다.

  지금 읽고 있는 『소니 침몰』이란 책에는 '컨셉의 실종'이란 단어가 등장합니다. 소니가 몰락에 이르는 다양한 이유 가운데 하나를 저자는 컨셉의 실종으로 지적하고 있습니다.

  '가장 무서운 일은 컨셉을 잃어버리는 것.'

  '우리가 가장 두려워하는 것은 바이오(VAIO, 소니의 PC 브랜드)가 컨셉을 잃어버리는 것이었다.'

  그리고 저자는 이런 이야기를 덧붙입니다.

  "컨셉이 없다는 것은 무엇을 뜻하는가? 이는 인간에 비유하자면 예스

맨과 같은 것이다. 예스맨은 자신의 의견이 없고 어떤 의사 표현도 하지 않고 상사가 시키는 대로 움직이는 사람이다. 사람을 고용해야 하는 입장에서 보더라도 무슨 일이든 '예' '예' 하고 아무런 창조성을 발휘하지 못하는 사람은 얼마든지 다른 사람으로 대체할 수 있기 때문에 굳이 채용할 생각이 들지 않을 것이다. 어차피 일을 부탁하려면 내가 생각하지도 못한 아이디어를 가진 사람이 훨씬 고용한 보람이 있을 것이다."

저는 '컨셉'이란 용어를 이 책에서 만났을 때, '다른 사람과 확실하게 차별되는 특별함'이라고 해석했습니다. 컨셉을 상실한 사람은 최소한 직업인으로서는 큰 경쟁력이 없다고 할 수 있지요. 세계적 기업인 소니가 쇠락한 데서도 알 수 있듯이 **끊임없이 자신의 컨셉을 다듬고 발전시키지 못하면, 또한 고객을 만족시킬 만한 컨셉을 창조해 내지 못하면 누구라도 직업 세계에서 성과를 기대하기 힘듭니다.**

나의 컨셉은 무엇인가?
타인들은 나의 컨셉을 정확하게 인지하고 있는가?
컨셉을 계속 발전시켜 가기 위해서는 어떻게 해야 하는가?
지금 나는 무엇을 하고 있으며, 이는 컨셉의 재창조에 도움이 되는가?

컨셉은 구구절절 긴 설명이 아니라고 합니다. 짧은 한 문장 속에 여러분의 컨셉은 무엇인지 압축적으로 표현해 보시기 바랍니다.
이제 슬슬 강연장으로 이동할 준비를 해야겠네요.

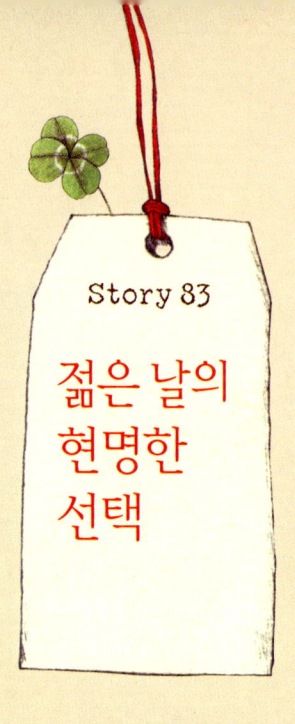

Story 83

젊은 날의
현명한
선택

　제 싸이월드 미니홈피에 한 독자가 이런 글을 남겼더군요.
　"글을 쓴다는 건 정말 어려운 일인 것 같습니다. 선생님께서는 하루에 2천 자를 쓰면 책이 나온다고 하셨는데, 저는 일주일에 3천 자를 뽑아내기도 너무 힘들군요. 뭐든지 많이 해본 사람이 이기는 것 같습니다. 글도 역시 자주 써봐야겠습니다."
　글만 그런 건 아니지요. 생계든 성장이든 간에, '일'이라고 이름붙일 수 있는 거의 모든 것들은 정말 어렵습니다. 직장에서 일하기, 물건 팔기, 고객 설득하기, 투자 결정하기, 분석하기, 판단하기…… 어느 것 하나라도 힘이 들지 않는 것이 없습니다.
　그런 모든 일들이 처음에는 힘이 들지만 경험이 차곡차곡 쌓이고, 자신만의 노하우가 생기고, 한 번 두 번 성공의 경험을 축적해 가면서 숙련되면 한층 쉬워집니다. 그렇기 때문에 처음 몇 년을 잘 이겨내는 것이 중요하지요.
　아침 신문에서 '떠나는 입사 2년차'라는 기사를 보았습니다. 대기업

계열사나 외국계 컨설팅 회사에 어렵게 취업한 새내기 직장인들이 1년 만에 회사를 그만두고 나오는 경우가 많다는 내용을 담고 있었습니다. 공무원이 되기 위해, 공기업에 취업하기 위해, 대학원에 들어가기 위해, 유학을 가기 위해 저마다 새로운 길을 찾고 있다는 내용이었습니다. 대기업 건설사를 그만두고 공기업으로 옮긴 30대의 한 남성은 이런 이야기를 했더군요.

"일반 기업에서는 업무에 쪼들려 에너지를 빼앗기는 경우가 많았고, 과장이나 차장, 부장들이 빡빡하게 사는 것을 보면서 안정성이 높은 공사를 택했다."

안정적인 직장이라…… 잘은 알 수 없지만, 인생은 마치 자동차를 몰고 운전하는 것과 비슷하다는 생각을 할 때가 많습니다. 앞선 자가 뒤서고, 뒤선 자가 앞서면서 나아가는 것이 인생이지요. 영원히 안정적이고 잘 나가거나, 영원히 불안하고 뒤처지는 일도 없다는 이야기입니다.

어떻게 사는 것이 최적의 삶이라고 이야기할 수는 없습니다. 다만 젊은 날부터 안정이나 편안함만을 찾아 헤매는 것이 그리 바람직한 일은 아니지 않나, 하는 생각이 듭니다.

젊은 날에 안정적으로 생활한다면 언젠가 반드시 비용을 지불하게 됩니다. 그러니까 인생 초년에 비용을 지불할 것인가, 후반에 지불할 것인가의 차이가 있을 뿐이지요. 어쩌면 지금 편안한 직장이 나중에는 오히려 굴레가 될 수도 있습니다.

젊은이들의 선택에 대한 기사를 보면서, '인생은 정말 길다' '뿌린 대로 거둔다' 같은 말들을 머릿속에 되뇌어봅니다.

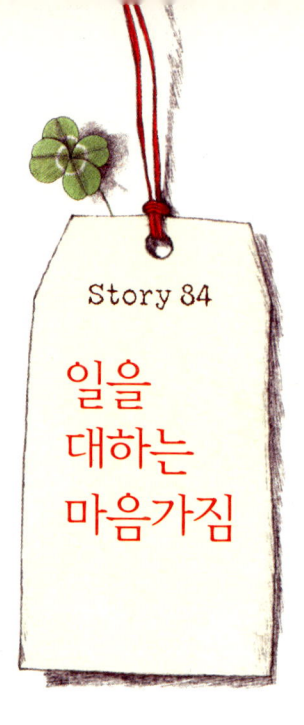

Story 84
일을 대하는 마음가짐

저는 웬만해서는 원고 마감 시간에 쫓기는 법이 없습니다. 그런데 지난해부터는 원고 독촉 메일이나 전화를 받을 정도가 되었습니다. 일이 너무 많아지다 보니 문제가 발생하는 것이죠. 집필, 강연, 기고, 방송 등의 사이에서 정말 아슬아슬하게 균형을 유지해 가고 있습니다.

그래도 저는 자주 제 자신에게 이런 이야기를 들려줍니다. 사람들이 나를 찾고 나에게 일을 맡긴다는 것이 얼마나 행복한가, 하고요. 사람들은 일이 많을 때면 일이 없던 시절을 그리워하고, 일이 없을 때는 일이 많던 시절을 그리워합니다. 그러나 어떤 상황이든 간에 힘이 들긴 해도 나를 찾는 곳이 많다는 것은 정말 감사한 일입니다.

그리고 일이 많아서 고달프긴 해도 그만큼 누리는 것이 있지요. **자신이 누리는 것에 대해서는 당연히 비용을 지불해야 하고, 지금은 그 비용을 지불하는 과정이라고 생각하십시오.**

Story 85
고객의 입장에서 생각하기

비가 내리고 있습니다. 궂은 날씨와 상관없이 오늘도 강연 일정으로 꽉 차 있습니다. 오늘의 동선은 '안산 → 동탄 → 안산'입니다.

하루에도 이동하는 횟수가 많다 보니 먼 지방이 아닌 경우 자연스럽게 택시를 자주 이용하게 됩니다. 저에게 택시 안은 한숨 돌리는 휴식의 공간이자 다음 계획을 위한 준비의 공간이기도 합니다. 항상 미리 생각해서 시간 안배를 하지만 그래도 도로 사정이란 게 늘 변수가 많은지라 택시를 이용할 경우 시간에 민감해지게 마련입니다.

그래서 저는 택시를 타면 습관적으로 이렇게 묻습니다.

"얼마나 걸릴까요?"

몇 시간, 혹은 몇 분 정도라는 구체적인 답을 들으면 이동하면서 어떤 일을 얼마나 처리할 수 있을지 가늠할 수 있기 때문이지요.

그리고 도착지에 가까이 다가가고 있는 것 같으면 이렇게 묻습니다.

"얼마나 남았습니까?"

오늘 택시에서도 그렇게 묻자 기사분이 답했습니다.

"15분 정도 남았습니다."

그런데 그 다음의 대답이 이제까지 기사분들로부터 들었던 답과는 아주 달랐습니다.

"도착하기 5분 전에 알려드리겠습니다."

만약 그렇게 알아서 도착하기 3~5분 전에 알려준다면 저 역시 진행하던 작업을 멈추고, 주변 정리도 하고, 마음도 가다듬을 수 있을 것입니다.

이동 중에는 이것저것 작업하느라고 차 안이 어지럽기까지 한데, 대부분의 기사분들은 물어보지 않는 한 도착하기 전까지 그런 말을 해주지 않지요. 특히 강연 장소가 처음 가보는 곳인 경우 어디쯤인지 파악이 안 되니, 내릴 때가 다 되어서야 주변을 허겁지겁 정리하게 됩니다.

아주 간단한 경우지만, 상대방의 입장, 그러니까 고객의 입장에서 생각하고 행동하는 기사분의 태도와 마음가짐이 마음에 들었습니다. 프로의식이 느껴지더군요. 간단한 사례이긴 하지만 '고객의 입장에서'라는 부분을 다시 한 번 생각해 볼 수 있는 계기였습니다.

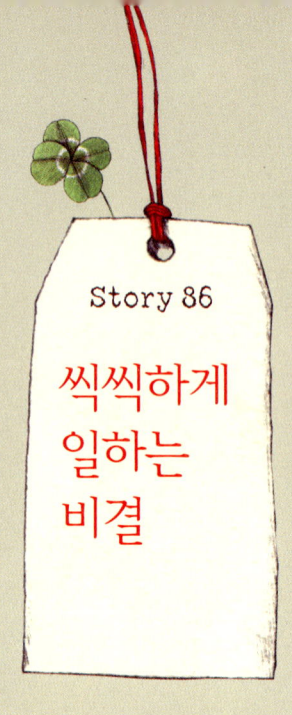

Story 86
씩씩하게 일하는 비결

자기경영아카데미에 참가했던 한 분이 참가후기에 이런 글을 올리셨더군요.

"여덟 시간 강의 동안 전혀 지쳐 보이지 않으시던데, 평소에 건강관리에도 많이 신경을 쓰신 것 같습니다. 저도 평소 건강관리를 잘해서 공 박사님처럼 한결같은 모습을 가질 수 있었으면 하는 마음입니다."

건강하게, 씩씩하게 일하고 생활하는 것은 무엇보다 자신에게 도움이 됩니다. 행복해지니까요. 그리고 씩씩한 사람은 주변 사람들에게도 삶의 향기와 열정을 퍼뜨립니다. 결국 세상을 더욱 '괜찮은' 곳으로 만들어가지요.

씩씩하고 건강하게 살아가기 위해서는 어떻게 해야 할까요? 우선 운동을 열심히 하는 것이 좋습니다. 운동으로 상체와 하체가 튼튼해지면 씩씩함을 유지하는 데 큰 도움이 되겠죠.

그러나 그것만으론 부족합니다. 자신이 하고 있는 일들로부터 나름의 의미와 즐거움을 찾는 방법을 알고 있어야 합니다. 의미를 찾을 수 없는 곳에서 씩씩함은 생겨나지 않기 때문이죠.

똑같은 일을 하더라도 노동이라 생각하는 사람과 학습이라고 생각하는 사람 사이에는 큰 차이가 있습니다. 그런 생각의 차이는 타인이 아니라 자기 자신이 결정하는 것입니다.

반복은 지겨움을 가져옵니다. 따라서 일상이 반복이라는 틀에 갇히기 전에 부지런히 시간을 내서 무엇이라도 새로운 것을 배우기 위해 노력해야 합니다.

아이의 여름방학 숙제를 위해 주어진 책 가운데 트레이시 키더의 『홈타운』이란 책을 조금 읽었습니다. 미국 매사추세츠 주 서부의 노스햄튼이란 도시를 다룬 논픽션이었습니다. 책을 읽다가 인터넷에 접속해서 이 마을의 공식 웹사이트를 살펴보다 보니 다음에 꼭 한 번 방문하고 싶어졌습니다.

저는 이렇게 호기심을 갖고 세상만사를 봅니다. 조그만 것이라도 그것을 자신의 일과 삶과 연결하는 데 익숙한 편이죠. 삶은 늘 배워야 할 것들로 가득 차 있습니다. 배우고, 익히고, 생각하고, 상상하고, 신기해하고…….

그 덕분에 늘 씩씩하게 살아갈 수 있는 게 아닐까요? 물론 저도 이따금 밑으로 떨어지는 기분을 느끼지만, 누구에게나 그런 순간은 있지 않습니까? 비록 그런 순간이 오더라도 동력을 완전히 잃지 않도록 주의해야겠지요. 몸과 정신에 늘 새로운 '연료'를 넣어줘야 하구요.

여러분 모두 오늘도 씩씩하게 생활하는 하루 보내시기 바랍니다.

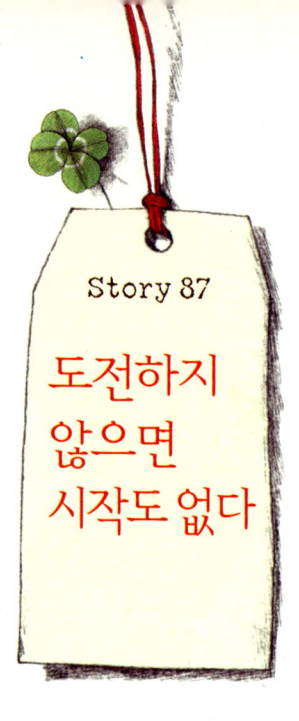

Story 87
도전하지 않으면 시작도 없다

어제와 그제, 이틀에 걸쳐 온라인 강의 녹화를 모두 마쳤습니다. 처음 해본 일이었는데, 참 재미있고 도전적인 경험이었습니다.

이틀간 첫날은 열여섯 강좌를, 둘째 날은 열 강좌를 마쳐서 모두 스물여섯 강좌로 이루어진 온라인 강의를 마무리했습니다. 대개 강사들이 한 번 녹화를 하면 5회분 내외를 마무리한다고 하네요. 일주일에 다섯 번 정도 회사를 방문하면 25회 정도의 녹화가 가능합니다. 그래서 대개 일주일에 걸쳐서 녹화를 한다고 합니다.

그런데 저는 이틀 만에 밀어붙여 녹화를 끝냈습니다. 물론 이틀 역시 아침에 강연 하나 뒤에 강연 하나가 각각 있었기 때문에 정말 만만치 않은 일정이었습니다. 두 번째 날에는 아슬아슬하게 녹화를 마치고 나니 점심 먹을 시간이 없어서 이동하면서 간단하게 요기를 해야 했습니다.

녹화를 담당했던 분이 "휴, 대개 5회를 녹화하면 프로 강사분들도 목소리가 갈라지기 때문에 힘이 드는데, 공 박사님은 정말 놀랍네요"라고 말하더군요.

이번에 녹화한 온라인 강의는 11월 학기에 맞추어 출시될 예정입니다만, 반응이 어떨지 궁금합니다. 출판 시장과 온라인 시장, 특히 B2B 시장은 성격이 다르기 때문이지요. 아무튼 무엇이든 새로운 일에 도전하는 것은 그 자체만으로도 무척 흥미로운 일입니다.

새로운 일을 시작하려면 사실 조금 귀찮기도 하고, 결과가 걱정되기도 하고, 더 많은 노력을 해야 하지요. 하지만 새로운 도전을 통해서 배울 수 있고, 시도하지 않았을 때는 기대조차 할 수 없었던 기회를 만날 수 있는 행운도 함께하기에 크든 작든 새로운 것에 도전하는 일은 무척 의미가 깊습니다.

"도전을 해야 성공과 실패가 있다. 그러나 시도조차 하지 않고는 아무것도 없다. 도전을 하지 않는다면 시작 역시 없다. 프로는 내 첫 도전이다." (「'은퇴 기로 노모' 야구 인생의 발자취」, 스포츠닷컴)

메이저리그에서 이름을 떨쳤던 일본의 투수 노모 히데오는 실업야구계에서 프로야구로 진출 한 뒤 4년 연속 최다승과 최다 탈삼진을 기록할 만큼 일본 야구계에 신화 같은 존재였습니다. 그러던 그는 현재의 '왕좌'에 머무는 대신, 더 큰 '꿈의 구장' 미국 메이저리그에 도전합니다. 노모 히데오의 위 이야기는 결과가 두려워 새로운 도전 앞에서 망설이고 있는 분이라면 한번쯤 되새겨 볼 만한 말이지요.

온라인 교육을 준비하면서 책과 달리 대화로 진행되는 강연의 대략적인 성격을 파악할 수 있었습니다. 방법을 알게 된 것이죠.

이렇게 일을 직접 해보면서 배워가는 부분이 많습니다. 그래서 자꾸 여러 가지를 해봐야 할 것 같습니다. 그래야 성장할 수 있으니까요.

Story 88

책 쓰기, 행복한 중독

여러분 모두 좋은 아침 시간 보내고 계신지요. 저는 가벼운 운동을 마치고 책상 앞에 앉았습니다. 이렇게 오전에 운동을 해두면 몸과 마음이 무척 개운합니다. 하루를 보낼 에너지가 가득 충전된 느낌이 들거든요.

지난 토요일에는 책 한 권을 탈고했습니다. 책을 마친 날에는 혼자서 조용히 축하를 하지요. 책을 끝내면 '음주가무'를 즐기는 작가들도 있다고 하지만, 저는 그 후유증, 그러니까 '축제' 이후의 쓸쓸함을 기억하기 때문에 조용히 마무리를 하는 편입니다.

이따금 저는 '왜 그렇게 책을 많이 쓰세요?'라는 질문을 받습니다. 간혹 다작을 걱정하시는 분들도 계시구요. 저 자신도 가끔 '이렇게 고된 일을 왜 자꾸 하지?' 하는 생각이 들기도 합니다.

어떤 거창한 이유에서라기보다, '거기 산이 있어 산에 오른다'는 산악인 조지 말로리의 말처럼 그저 쓰고 싶고 나누고 싶은 아이디어들이 끊임없이 제 앞에 있기 때문이라고 말할 수밖에 없습니다.

　책을 쓰는 일은 '상상력 게임'이나 다름없습니다. 아무것도 없는 상태에서 아이디어를 정리하고 목차를 정한 다음 한 글자 한 글자 종이를 채워나갑니다. 그런 지난한 작업을 몇 달에 걸쳐서 하고 나야 책 한 권이 완성됩니다.

　하나의 아이디어에 대해 원고지 천 매 분량으로 다양한 내용들을 풀어내는 작업인 만큼 정신적으로, 물리적으로 결코 쉽지 않은 일이지요.

　그러면서도 집필을 손에서 못 놓는 것을 보면 책을 쓰는 작업에 '중독'된 것이 아닌가 싶습니다. 책 한 권을 마무리할 때면 어느새 다음 책을 생각하고 있거든요. '다음에는 이런 책을 써야지……' 하고 말입니다. 즉, 처음에는 의무감에서 책을 쓰기 시작했다가, 마칠 때는 새 책을 쓰고 싶다는 욕심 때문에 서둘러 마무리하는 것이죠.

　새 책을 쓰는 일, 다양한 주제로 자기 마음대로 책을 쓸 수 있는 일은 항상 새로움을 느끼게 하고 도전 과제를 던져줍니다. 바쁜 일정 속에서도 죽어라고 책을 쓰는 것을 보면, 그런 새로움과 도전에 대한 중독이라고 할 수도 있겠네요.

　다른 사람들에게 행복은 어떤 상태인지 모르겠지만, 저에게 행복은 약간의 고통과 기쁨이 함께 오는 상태입니다. 고통스러운 만큼 그것이 주는 행복은 더 간절하고 소중합니다.

  산에 오를 때도 비록 오르는 그 순간에는 숨이 가쁘고 근육이 당겨오는 고통이 뒤따르지만 그 고통을 인내하고 목표한 곳에 섰을 때의 쾌감은 정말 크지 않습니까? 그런 면에서 책을 쓰는 일은 저에게 더 큰 행복감을 느끼게 하는 일이고, 그만큼 더 깊이 중독되어 갑니다.

  여러분은 지금 어떤 일에 중독되어 계신가요? 책 쓰기든, 운동이든, 또는 관심 있는 분야의 공부든 나를 건강하게 발전시키고 행복하게 만드는 일 한 가지쯤에 중독되어 보는 것도 괜찮지 않을까요?

여러분은 지금 어떤 일에 중독되어 계신가요?
책 쓰기든, 운동이든, 또는 관심 있는 분야의 공부든
나를 건강하게 발전시키고 행복하게 만드는
일 한 가지쯤에 중독되어 보는 것도 괜찮지 않을까요?

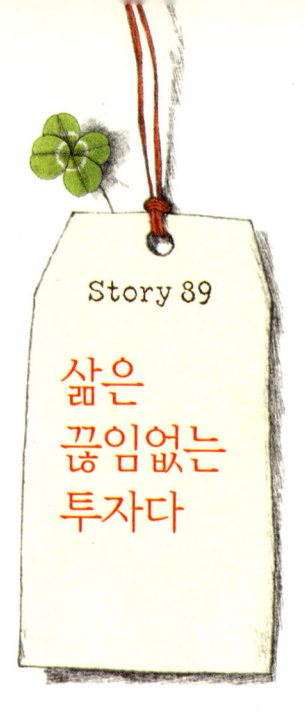

Story 89
삶은 끊임없는 투자다

오늘은 강연이 없는 날입니다. 저녁에 출판사와 미팅이 잡혀 있고, 나머지 시간에는 신간을 위한 글쓰기에 집중할 예정입니다. 이런 날은 정말 마음 독하게 먹고 연구실에 들어앉아 있습니다. 그래도 과거에 비하면 훨씬 느긋한 마음을 가지고 이리저리 어슬렁거리기도 하지요.

어제는 고등학생을 위한 자기경영아카데미가 있었습니다. 벌써 17기가 되었으니 횟수가 꽤 되었습니다. 학생들이 모두 수업에 잘 따라와주어서 즐겁게 강의를 진행할 수 있었고, 또 날씨는 얼마나 좋던지요. 강의 중간중간에 밖으로 나와 건물 주변을 돌아다녔습니다. 용맹이와 향기를 데리고 다니기도 하고요.

이렇게 해를 거듭할수록 학생들과 강의 내용만 바뀌는 것이 아니라, 강의의 방법에도 많은 변화가 있었습니다. 좀더 효율적인 강의를 위해 새로운 기법과 기술을 도입하게 되는 것이지요.

어제 산책을 마치고 돌아오는 길에 이런 생각이 들었습니다.

'왜 이렇게 피곤하지 않을까?'

보통 여덟 시간 이상을 쉬지 않고 강의하다 보면 아무리 긴장을 하고 평소에 체력 관리를 한다고 해도 몸이 많이 피곤합니다. 예전에 비해서 훨씬 피로가 덜한 것 같아서 그 이유를 생각해 보다가 마침내 그 이유를 알게 되었습니다.

바로 얼마 전부터 사용하기 시작한 전자 칠판 덕이었습니다. 27인치 대형 LCD판을 이용해서 강의를 한 지가 두어 달 정도 되었는데, 일반 칠판 강의에 비해서 훨씬 효율적입니다. 뒤를 돌아서 일일이 칠판을 지울 필요가 없기 때문에 동선이 줄어들고, 거기에 따라 육체적 활동도 줄었을 뿐만 아니라, 강의에 참석한 분들에게 더 많이 시선을 맞출 수 있게 되었습니다. 물론 고가의 장비이기 때문에 신중하게 고민을 한 다음 투자를 결정한 것이었습니다.

시간이 가면서 깨우치는 사실은, 좀더 효율적으로 일하고 생활할 수 수 있는 쪽으로 변화하고, 이를 위해 필요하다면 적절한 투자를 계속해야 한다는 점입니다. 최근에는 어떤 분이 강연에 멀티미디어를 활용할 것을 권하며 직접 도움을 주셔서 강연 중간중간에 동영상을 활용하기 시작했습니다.

'삶은 도전이고 학습이다. 그리고 삶은 투자다.'
이렇게 일하는 환경과 일상의 변화를 위해 투자하지 않으면, 생활은 반복의 연속으로 남아버릴 가능성이 높습니다.

항상 변화에 대해 열려 있는 사람으로 살아가고 싶습니다. 그것이 나의 권리이자 의무이기 때문입니다.

Story 90
사업에서 성공하는 열쇠

90년대 말에 창업하여 기반을 잡은 40대 사장님과 대화를 나누다가, '사업을 해오면서 가장 중요한 요소가 무엇이라고 생각하십니까?'라는 질문을 던졌습니다. 그분은 다음과 같이 대답하더군요.

"첫째, 뭐니 뭐니 해도 기본 지식이 있어야죠. 성장이나 발전이란 것도 기본적인 지식이 없다면 불가능하다 봅니다. 그래서 일단은 배우고 알아야 합니다.

둘째, 성실과 근면이 몸에 완전히 배어 있어야 합니다. 한두 번 성실하다고 되는 것이 아니라, 그런 자세가 완전히 자기 것이 되어 있어야 기회를 잡을 수 있습니다.

셋째, 마인드가 중요합니다. 꼼수를 부리지 않고 정도대로 걸어가려는 태도 말입니다. 그래야 불의에 타협하지 않고 나름의 원칙을 지켜갈 수 있을 것 같습니다. 머리도 좋고 열심히 했지만 기회다운 기회를 잡지 못하는 분들을 보면, 이따금 지나치게 잔머리를 굴리거나 수단 방법을 가리지 않는다는 인상을 받을 때가 있거든요. 왜, 사필귀정이란 말이 있

지 않습니까? 마음씨가 고와야 운도 따른다고 생각합니다."

경험에서 우러난 참으로 귀한 말씀입니다. 이 이야기를 들으니, 언젠가 어떤 분에게서 들었던 이야기가 떠올랐습니다. 그분은 젊은 날에 여러 사업을 크게 벌이다가 실패한 분이었는데, 이런 얘기를 하더군요.

"무엇보다 많이 알아야 합니다. 그렇지 않으면 기회가 와도 기회인지 아닌지를 알아차릴 수가 없고, 남에게 속기도 하고, 항상 남의 뒤를 쫓다가 볼일을 다 보고 마는 것 같습니다."

필요한 지식을 갖추고 올바른 마인드로 성실하게 일하는 것, 그것이 사업에서 성공하기 위한 열쇠인 셈입니다. 그렇게 하다 보면 우연한 행운도 굴러들어오고, 다른 기회에 대해 눈을 뜰 수도 있겠지요.

사실 사업만이 아니라 우리 삶 전체를 그렇게 살아가야 할 것입니다. 오늘도 열심히 배우며 성실하게 살아가는 여러분의 건승을 빕니다.

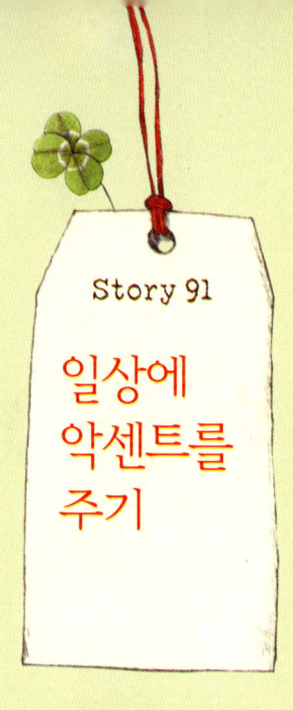

Story 91
일상에 악센트를 주기

오늘 저는 새로운 시도를 해보았습니다. 햇살이 깊이 들이 비치는 응접실에서 이동용 탁자에 앉아 햇볕을 측면으로 받고 있습니다. 이 탁자는 오래 전에 아내가 손님용으로 마련한 것입니다. 제가 아주 좋아하는 소품이지요. 이동하는 햇살을 따라서 탁자와 의자를 조금씩 이동시키면서 세 시간 정도 작업을 해보았습니다. 성과도 높고, 무엇보다 새로운 시도라서 그런지 기분이 좋네요.

요즘은 노트북을 들고 다니면서 작업을 할 수 있고, 무선 인터넷이 가능한 곳이 많기 때문에 가끔 연구실을 떠나 분위기가 전혀 다른 장소들, 이를테면 커피숍이나 호텔 로비 등에서 작업을 하기도 합니다. 하지만 이렇게 집 안에서 방을 옮겨 다니며 다른 분위기에서 일을 하는 것도 효과가 아주 클 것 같네요.

조그만 시도라 해도 우리는 언제 어디서나 자신의 일상에 조그마한 변화를 줄 수 있습니다. 그런 일들은 시도하는 것만으로 기분을 상큼하게 하는 효과를 낳습니다. 언젠가 읽었던 그레고리 번스 교수의 글에 이런 내용이 들어 있었습니다.

"만족감은 다른 감정과 달리 쉽게 우리를 찾아오지 않으므로, 그것을 느낄 수 있도록 스스로 노력해야 한다. …… 우리가 비록 새로운 것을 좋아하지 않을지라도, 뇌는 항상 새로운 것을 동경한다. 그래서 우리의 뇌는 그 자신만의 고유한 마음을 지녔다고도 생각할 수 있다."(『만족』, 15쪽)

모든 일상은 반복이지만, 그 속에서 신선함이나 변화를 줄 수 있는 것들을 찾아서 삶에 악센트를 줄 수 있다면 삶을 멋진 시간들의 연속으로 구성할 수 있겠지요. 그리고 그런 기분을 더 자주 경험할 수 있다면 전체적인 행복의 크기도 커질 겁니다.

이번 주말에는 조그만 변화라도 시도해 보시기 바랍니다. 아무리 작은 것이어도 좋으니까요. 그럼 즐거운 주말 보내시길…….

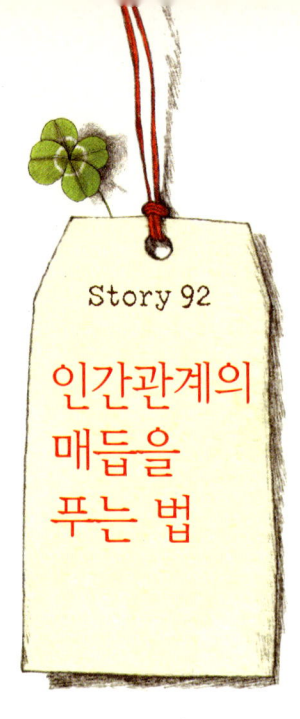

Story 92

인간관계의 매듭을 푸는 법

해운대의 한 호텔에서 강연을 마칠 즈음에 한 분이 저에게 이런 질문을 했습니다.

"저는 작은 사업을 하고 있습니다. 직원이라고 해야 몇 명 되진 않지만, 이따금 저와 잘 맞지 않는 사람들을 만날 때가 있습니다. 그럴 때는 어떻게 해야 할까요? 내보내야 할지, 아니면 맞춰가면서 함께 가야 할지, 고민스러울 때가 많거든요. 공 박사님이라면 어떻게 하시겠어요?"

누구나 사회생활을 하면서 이런 경우를 만나게 됩니다. 쉽지 않은 문제지요.

제가 사람들과 함께 일하면서 새삼 느끼는 것은, 사람들은 오랜 기간의 성장 과정을 통해서 나름의 습관을 지니게 된다는 사실입니다. 사고 습관, 행동 습관 같은 것이지요.

예를 들어, 중소기업이나 작은 팀의 경우, 사장이나 팀장이 '이런저런 식으로 어려움을 극복하도록 노력해 보자'라는 제안을 하면 어김없이 '그렇지 않습니다. 비슷한 일을 해보았지만 효과가 없었습니다'라고 다양한 사람들과의 관계를 풀어가기가 쉽지만은 않을 것입니다.
여러분이 먼저 긍정적인 태도로 사람들을 대하면
그들 역시 긍정적으로 화답해 올 가능성이 높아질 겁니다.

대답하는 사람이 있거든요. 사안이 무엇이냐를 떠나서 늘 부정적으로 반응하는 습관을 지닌 사람들이죠.

이런 습관들은 본인이 스스로 문제를 느끼고 바꾸려고 노력하지 않는 한 변화시키기 어렵습니다. 특히 고집이 세고 자기주장이 강한 사람들의 경우, 몇 번 반복해서 문제점을 지적하고 시정을 요구해도 고치려 하지 않는 경우가 있습니다. 그럴 때는 참 난감합니다.

그래서 저는 몇 번의 경험을 통해서 다음과 같은 견해를 갖게 되었습니다. '몇 번 정도 노력했지만, 변화할 가능성이 별로 보이지 않는 경우에는 서로 다른 길을 가는 것이 좋다. 마냥 시간을 끌면 자신도, 상대방도 피곤해지고 사이만 나빠진다.'

노력해 보지만 맞추기 힘들다고 최종적으로 판단되면 서로 다른 길을 가도록 선택하는 편이 더 낫다는 것이죠.

오늘도 많은 사람들 속에서 일을 하고 생활을 하실 여러분, 다양한 사람들과의 관계를 풀어가기가 쉽지만은 않을 것입니다. 하지만 **여러분이 먼저 긍정적인 태도로 사람들을 대하면 그들 역시 긍정적으로 화답해 올 가능성이 높아질 겁니다.**

부디 평화로운 하루 보내시길 기원합니다.

에필로그

　요즘 다들 바쁘고 힘들다고 합니다. 생활은 편리해졌지만 저마다에게 주어진 숙제는 훨씬 더 어려워졌습니다. 변화도 심하고요.
　저의 삶도 마찬가지랍니다. 예전에 비해서 생활은 한결 나아졌지만 물밀듯이 밀려오는 일들 때문에 힘들어할 때가 잦습니다. 그러나 과거나 현재 그리고 미래에도 한 가지 변함없는 사실이 있습니다. 인간은 어디에서 어떤 일을 만나건 간에 그것에 대해서 스스로 의미와 중요성을 부여할 수 있는 능력을 갖고 있다는 점이지요.
　어느 누구도 그런 능력을 빼앗을 수는 없습니다. 그래서 여러분과 저는 이미 대단한 능력을 갖고 있는 것입니다. 이것이야말로 '인생의 기술'에서 우리가 적극적으로 활용해야 할 부분입니다. 그 점을 여러분이 다시 한 번 마음속에 새길 수 있었으면 합니다.
　지치고 힘들 때면 여러분이 인생이란 자동차를 운전한다고 생각하십시오. 과속하고 있다는 생각이 들 때면, 이따금 브레이크를 밟아 삶의 속도를 늦추세요. 꼭 성취해야 할 목표가 있다면 그것을 달성하기 위해 속도를 최대한 올려보시기 바랍니다. 아무리 험하고 거친 길 위에서도 자동차의 운전대와 브레이크를 확실히 잡고 있다면 얼마든지 자동차를 통제할 수 있고, 목적지에 도달할 수 있습니다.
　인생도 마찬가지라 생각합니다. 이 책이 여러분이 튼튼하고 성능 좋은 인생의 '운전대'와 '브레이크'를 마련하는 데 도움이 될 수 있기를 바랍니다.

세상의 모든 만남이 그렇듯이 책과의 만남 역시 한 장 한 장 읽다 보면 어느새 헤어져야 할 시간이 다가옵니다. 헤어짐 뒤에도 책 속의 의미와 메시지는 오랫동안 가슴에 남아 있곤 합니다. 이 책이 그런 소중한 경험을 여러분에게 주었으면 하는 소박한 바람도 가져봅니다.

생의 순간순간마다 후회나 아쉬움이 남지 않도록 '다부지게' 살아가시길 기원합니다. 책을 탈고하던 날 만난 글귀를 여러분께 전하며 이 글을 마칠까 합니다.

포기하지 마세요.
당장 눈앞에 보이지 않아도
지금 할 수 있는 일에 온 마음을 담아서
믿고 노력하면 소중한 건
꼭 찾을 수 있습니다.
눈 내리는 봄, 문득 하늘을 보니
새로운 계절이 열리고 있었습니다.
한 계절의 끝이기에 슬프고,
다른 계절의 시작이기에
황홀한 새 봄의 이름은
바로 희망입니다.

―출처: 『광화문에서 읽다, 거닐다, 느끼다』, 교보생명, 2008

공병호 인생의 기술

초판 1쇄 2008년 9월 26일
초판 8쇄 2014년 3월 20일

지은이 | 공병호
펴낸이 | 송영석

편집장 | 이진숙 · 이혜진
기획편집 | 차재호 · 이현정
외서기획 | 박수진
디자인 | 박윤정 · 박새로미
마케팅 | 이종우 · 한명회 · 김유종
관리 | 전지연 · 황지현

펴낸곳 | (株)해냄출판사
등록번호 | 제10-229호
등록일자 | 1988년 5월 11일

서울시 마포구 잔다리로 30 (서교동 368-4) 해냄빌딩 5·6층
대표전화 | 326-1600 **팩스** | 326-1624
홈페이지 | www.hainaim.com

ISBN 978-89-7337-996-5

파본은 본사나 구입하신 서점에서 교환하여 드립니다.